本书受教育部人文社会科学研究青年基金项目"汉语'个'字构式的隐性量及其类型学研究"（项目编号：15YJC740143）资助

语言服务书系·汉语本体研究

汉语"个"字构式的
隐性量及其类型学研究

周清艳　著

暨南大学出版社
JINAN UNIVERSITY PRESS

中国·广州

图书在版编目（CIP）数据

汉语"个"字构式的隐性量及其类型学研究/周清艳著. —广州：暨南大学出版社，2019.12
（语言服务书系. 汉语本体研究）
ISBN 978 - 7 - 5668 - 2826 - 2

Ⅰ.①汉…　Ⅱ.①周…　Ⅲ.①汉语—语法—研究　Ⅳ.①H14

中国版本图书馆 CIP 数据核字（2019）第 276646 号

汉语"个"字构式的隐性量及其类型学研究
HANYU GE ZI GOUSHI DE YINXINGLIANG JI QI LEIXINGXUE YANJIU
著　者：周清艳

- -

出 版 人：徐义雄
责任编辑：姚晓莉
责任校对：张学颖　冯月盈
责任印制：汤慧君　周一丹

出版发行：暨南大学出版社（510630）
电　　话：总编室（8620）85221601
　　　　　营销部（8620）85225284　85228291　85228292（邮购）
传　　真：（8620）85221583（办公室）　85223774（营销部）
网　　址：http：//www.jnupress.com
排　　版：广州市天河星辰文化发展部照排中心
印　　刷：佛山市浩文彩色印刷有限公司
开　　本：787mm×960mm　1/16
印　　张：12.25
字　　数：250 千
版　　次：2019 年 12 月第 1 版
印　　次：2019 年 12 月第 1 次
定　　价：49.80 元

（暨大版图书如有印装质量问题，请与出版社总编室联系调换）

序

于细微处见精神

周清艳博士的书稿《汉语"个"字构式的隐性量及其类型学研究》即将付梓，希望我写几句话。她在读博士的时候是一个非常有个性的学生，对语言问题的感觉非常敏锐，常常能发现别人发现不了的问题。这本书所讨论的问题，就是我们习焉不察的语言问题。

"我只是跟他吃了个饭""吃个荔枝你也不让"等句子都包含汉语的量词"个"，而这些句子中的"个"都不是真正的个体量词。"吃了个饭"跟"吃了个苹果"是不一样的，"吃个荔枝"跟"吃一个荔枝"也是不一样的，虽然它们都是"V 个 N"形式。"有空一起喝个痛快""明天咱们喝他个一醉方休"这两个句子都是"V 个 VP"形式，前者的 VP 是形容词，后者的 VP 是成语。类似的例子还有"北京的冬天那叫一个冷""洗个热水澡那叫一个舒服"，这些例子里边的"个"字都隐含着说话人的一种主观评价。周清艳把它叫作"个"字构式的隐性量。"我去刷个牙"跟"我去换个牙"表面上看完全是同样的形式，而实际上它们所表达的意义是有差别的。"V 个 N"构式在什么情况下能够表达主观评价和隐性量？这确实是一个值得探讨的问题。周清艳运用认知语言学的相关理论，以"个"字构式为窗口揭示隐性量对汉语句法结构的制约作用和制约机制，并进一步从类型学角度探索汉语隐性量的表达特点。这种尝试是非常有价值的。

任何一个构式都是由形式和意义两部分构成的。形式相同的句子意义未必相同。比如，"你要钱还是要命？"和"你要茶还是要咖啡？"从形式上看完全是一样的句式，但是"你要钱还是要命"是一种威胁，说话的人的意思是你把钱给我，否则我要你的命。"你要茶还是要咖啡"是一种邀请，说话人的意思是，我要给你提供茶或者咖啡，你做一个选择。这种形式和意义的不对称是一个很有趣的话题。"V 个 N"这个构式可以涵盖不同的语义内容，在识解的时候必定会遇到一些困难。听话的人是如何找到正确的路径，理解正确的含义的呢？这是一个未解之谜。"我想吃个苹果"与"吃个苹果有什么了不起的"都有"吃个苹果"这个短语，但是前者的

"苹果"只是一个具体的个体名词，指称一个事物，这个事物有具体的物性结构；而后者"吃个苹果"作为一个整体，指称一个事件，在这里"苹果"不再是一个具体的个体名词，它也没有具体的物性结构。换言之，在这两个句子中"V 个 N"具有不同的语义价值。周清艳从隐性量的角度切入，探讨这个构式的语义分化，并在不同的语义之间建立起各种联系。读她的书，会被她的例子带着走。她会带着你一步一步走进她的世界，这是一个理性的世界，也是一个充满纠结的世界。我们更想知道造成这种现象的原因。她从认知语言学的理论框架出发，对此给出了解释，还运用语言类型学的方法来探索语言普遍现象。

　　语言研究有两种范式，一种是从理论出发，一种是从问题出发。周清艳的研究是从问题出发的。她提出的问题都是真问题，问题背后实际上是认知的问题。读她的书有这样一种感觉：她不断地在提问题，一个问题接着一个问题，一个问题套着一个问题。她不尚空谈，所有的问题都来自自然语言，所有的讨论都是在语言事实的基础上展开的，因此她的研究是实证主义的。她从概念结构入手，用认知语言学的理论来揭示自然语言中形式和意义的对应关系。认知语言学认为，自然语言是概念化的现实的符号表达，句法结构在相当程度上不是任意的、自主的，而是有动因的。句法结构常常是由认知、功能、语用等句法之外的因素促动的。表层的句法结构跟语言的语义结构是对应的，但是这种对应不一定是一一对应的。语义结构的识解往往跟认知主体与客观世界的互动经验有关。这种经验包括身体经验、认知策略及至文化规约等语言之外的知识。认知语言学的这些思想和研究范式之所以为人所诟病，是因为其研究方法是基于内省的。因此基于内省的研究有几个前提条件：

　　第一个前提条件，就是这种内省必须是群体内省，不能是某个人的内省。个人的内省往往是靠不住的，而群体的内省是比较可靠的。群体内省的数据往往是通过问卷调查，或者田野调查得来的。

　　第二个前提条件，研究认知主体与客观世界的互动，或者说我们的身体经验、认知策略、文化规约等语言之外的知识必须有现实依据，这个现实依据就是我们常用的语料库。

　　第三个前提条件，我们可以用语言的历史演变来解释原形式和语言意义之间的关系。语言的历史演变是有路径的，也是有动因的。

　　第四个前提条件，我们可以通过语言类型学的研究，来发现人类语言的普遍现象。语言类型学的研究，可以弥补内省之不足。

　　如果以上几个研究方法都不能完全解释我们提出的问题，那么还有一个可能的选择，就是心理学的实验研究。虽然说认知语言学是基于语言学的研究，而不是基于心理学的研究，但是我们完全可以借鉴心理学的实验方法，来证实我们通过内省得出的结论。

通观全书，我们认为作者的研究也还有明显的不足之处。第一，问题提得很好，也有语言事实的支撑，但是抽象和提升不足，很多问题没有上升到更高一层的理论层面，展开讨论不够深入。第二，很多问题的讨论，常常是就事论事的，没有照顾到系统性和全局性。第三，研究方法的突破不是很突出。

但是瑕不掩瑜，这仍然是一部很有价值的、于细微处见精神的研究成果。书中所讨论的问题，以及这些问题背后的认知动因，都给我们带来很多有益的启发。

是为序。

崔希亮
2019 年 12 月 18 日于北京

目　录

1 绪 论

1.1 问题的提出

本书讨论这样一类特殊的"个"字构式：

(1) 我刚才和小王一起去吃了个饭。（V 个 N）
(2) 我们今晚喝个痛快。（V 个 VP）
(3) 他整个一个傻瓜。（整个一个 X）
(4) 她长得那叫一个漂亮。（那叫一个 X）

这些构式中的"个"都不是普通的个体量词，"（一）个"前都不能自由更换数词，如：

(1)′＊我刚才和小王一起去吃了两/三/四……个饭。
(2)′＊我们今晚喝两/三/四……个痛快。
(3)′＊他整个两/三/四……个傻瓜。
(4)′＊她长得那叫两/三/四……个漂亮。

这些构式另一个显著的特点是：都包含说话人的主观评价，如例（1）中说话人认为"吃饭"是生活中的平常小事，例（2）中说话人认为"痛快"的程度非常高，例（3）和例（4）都有明显的夸张效果，极言"傻"和"漂亮"的程度之深。我们认为这些构式所表达的这些语法意义与认知中的"量"密切相关，这种量不同于数量词如"一个""一次"等表达的明确、显性的量，而是一种更为隐蔽、深层、抽象的量——"隐性量"。

我们感兴趣的问题是：

（1）这些隐性量构式有哪些特殊句法语义表现？为什么这些隐性量构式中都包含"个"，"个"的功能是什么？为什么同样是"个"字构式，各构式表达的量意义却截然相反，如例（1）表达主观小量，而例（2）至例（4）表达主观大量？

就具体构式而言，某些"个"字构式内部的句法语义现象也相当复杂，以"V个N"为例：

①"V个N"的语义分化问题。

（5）我刚才吃了一个苹果。
（6）吃个荔枝你还要说我。

具体来看，例（5）中"个"指"一个"事物，而例（1）中"个"是指"一个"具体的事件，不与"个"后名词发生直接的联系；例（6）中"个"既不指"一个"事物，也不指"一个"事件，而是评价"吃荔枝"这样的事。

那什么时候"V个N"中"个"表示"一个"事物，什么时候"V个N"中"个"表示"一个"事件，什么时候"V个N"中"个"表示评价？它们之间的区别和联系是什么？

②同样的名词和不同的动词搭配形成的"V个N"结构意义理解不同，如："个"后名词同样是可数名词"苹果"，例（5）中"个"只能理解为"一个"事物，只有一种理解，而例（7）却有两种理解。

（7）我去洗个苹果。

例（7）中"个"既可以理解为"一个"事物，又可以理解为"一个""洗苹果"的事件，这是为什么？又如：

（8）我买了个球。
（9）我传了个球。

例（8）中"个"理解为"一个"事物，而例（9）中"个"理解为"一个"传球的事件，这是为什么？

再如：

（10）我去刷个牙。
（11）我去换个牙。

例（10）中"个"不是指"一个（颗）牙"，而是指一个"刷牙"的事件，而例（11）中"个"既可以指"一个（颗）牙"，又可以指一个"换牙"的事件，这是为什么？

③同样的动词和不同的名词搭配形成的"V 个 N"结构意义理解不同，如：

(12) 我去洗个手/脚/头/脸。

例（7）中"洗个苹果"中"个"既可以理解为"一个"事物，也可以理解为"一个"事件；而例（12）中"个"只能理解为"一个"事件，这是为什么？

④同样的 VN 在不同的语境中形成的"V 个 N"结构意义理解不同，如：

(13) 我想吃个苹果。
(14) 吃个苹果有什么了不起的？

例（13）中"个"理解为"一个"具体的事物，而例（14）中"个"主要在于评价"吃苹果"这样的事，这是为什么？

（2）这些隐性量构式适合在什么语境下使用？有哪些特殊的表达效果？

（3）这些构式的隐性量意义的来源是什么？这些构式是如何形成的？形成动因和机制是什么？

（4）"个"字构式表达隐性量的现象在汉语方言和别的语言中是否有类似的表现？汉语的隐性量表达有何类型学特征？

这就是本书要研究和解决的问题。

1.2 研究角度和理论背景

1.2.1 研究的角度——隐性量

我们认为"V 个 N"等构式所表达的语法意义都与认知中的"量"的观念密切相关，本书从隐性量的角度来分析和解释"V 个 N"等构式的意义理解及其形成机制问题。

什么是隐性量？

"在人们的认知世界中，事物（包括人和动物）、事件、性状等无不包含有'量'的因素，人类在认识世界和改造世界的过程中，逐渐对各种事物的性质、特点等有所感知，有所认识，形成各种各样的认知范畴，如'时间''空间''数量'等。"（李宇明，2000）数量范畴是人类最重要的认知范畴之一，这一认知范畴投射到语言当中就形成了"数量"这一语义范畴。

沃尔夫（Whorf，1937）较早提出"显性范畴"和"隐性范畴"的概念，指出显性范畴是指在含有范畴成员的每一个句子（只有少数特例）中都有形式标记的范畴。（Whorf，1937/1956）显性范畴是传统的词素范畴（morphological category），在形态发达的语言类型中，一定的形态标记往往标示着明确的语法意义，如英语中传统的"时""体""语态"等都是显性范畴，"- s"为复数标记、"- ed"为动词过去式标记；另外，英语中动词的"可能式"（potential mode）也是显性范畴，它的标记可能是词素 can或 could，也可能是一个单独的词项（lexical item），如 possibly（黄国文，2001）。

相对于显性范畴而言，隐性范畴没有明确、固定的形式标记。沃尔夫（1937/1956）清楚地指出："隐性范畴也可以定义为隐性类型，这一名称关注的是这类词的较为暗藏的、隐性的本质……它们不容易引人注意，也难于定义，但可能对语言行为产生深刻的影响。"

我们所说的"隐性量"就是一种"隐性范畴"，与"显性量"相对，主要是指不通过明显具有量概念意义的词语标记如数量词等，而通过其他更为隐蔽的形式所表达的量范畴。

隐性量表达形式具有隐性范畴的基本特征，具有暗藏抽象的本质，更具隐蔽性，而显性量表达形式则具有明显的词语标记，更具明晰性，这是二者的本质差异。具体来看，隐性量和显性量的不同有如下几点：

（1）显性量具有数量词这一明显的词语标记，比较容易判定［如例（15）至例（17）］；而隐性量没有固定的形式标记，潜藏于语言表达形式的深层［如例（18）］。

（15）兄弟姐妹呢，我有三个姐姐，一共四个。（北京话口语）

（16）反正到现在三十年了，估摸五二年嘛。（北京话口语）

（17）比如对河流污染的调查，一般一年要进行三次，每次调查需要大量专业人员，花费几个月的时间。（《中国儿童百科全书》）

(18) 他<u>高高兴兴</u>地从屋子里走出来。

例（15）至例（17）中画线部分都为数量词，为显性量；而例（18）没有数量词，但也表达了"量"的概念，"高高兴兴"表示非常高兴，有程度量，这种通过形容词重叠形式而不通过明显的数量词形式表达的"量"就是隐性量，它的表达方式很多，没有固定的形式标记。

（2）显性量所表达的"量"概念往往是具体的、明确的，隐性量所表达的"量"概念往往是模糊而抽象的。如例（15）至例（17）中的"三个""三十年""三次"等显性量值都很精确，可直接计算；而隐性量表达形式如例（18）中的"高高兴兴"也包含有"量"的观念，但这种"量"是一种心理认知上的广义的"量"，认知上的"量"不同于物质世界的具体量，物质世界的量相对来说更为客观具体，而认知上的"量"相对来说更为模糊抽象，它多了人们主观的认识和理解。

（3）显性量的表达形式主要限于词汇和短语层面，如数量词等，隐性量的表达形式涉及语言的语音、词汇、句法、语用等各个层面。究其根本原因还在于二者所表达的"量"概念有着具体和抽象的本质区别。

隐性量表达认知上抽象的"量"概念，在语言的各个层面都有所体现。具体来看：

从语音层面来看，轻重音、变音、元音开口度大小、长短音都是重要的隐性量表达方式。（李善熙，2003）据李善熙介绍，汉语方言中存在着大量通过变音表达主观量的现象，如广西容县话一共有 9 个声调类型，小称时每个调类都变为 35 调（周祖瑶，1987）：

事物	大称	小称
衫	[sam^{55}]	[sam^{35}]
橘	[t'uŋ^{22}]	[t'uŋ^{35}]
扇	[sin^{22}]	[sin^{35}]
石柱	[sik^{11}tsy^{13}]	[sik^{11}tsy^{35}]

这种通过改变声调来表达"小称"意义的方式就是一种隐性量表达形式。

从词汇层面来看，某些词语之间特别是近义词之间的差别也主要在于"隐性量"的差异。某些词之间隐性量上的差异将直接影响它们的句法功能，石毓智（2001）认为客观事物都具有质和量的规定性，从理论上讲，任何事物、行为、变化、性质、关系等都可以归结为量；词语的语义程度高低①可以决定该词进入肯定和否定结构的自由度。词语的语义特征可以按照程度高低进行量化，这可以用一个数学模型来描写（见图1－1）：

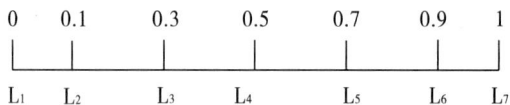

图 1－1 概念的语义程度

例如，谈论某件事的几个词可按语义程度大小排成这样一个序列："挂齿＜提起＜说起＜谈论＜叙说＜诉说＜倾诉"，越靠近左端的词语语义程度越小，越容易进入否定结构；越靠近右端的词语语义程度越高，越容易进入肯定结构。

从语法层面来看，可以通过词法和句法形式表达隐性量。如有的语言用形态手段表示小称，类似于汉语的"儿"尾。不少语言中存在着专表小的形态范畴，即"指小语缀（diminutive）"，出现于名词后面。比如，意大利语的 – ino、– etto、– ello 是最常见的指小语缀，它们的选择受到其前音节语音特征、习惯等因素的影响。如：paese > paesino（小村庄），villa > villetta（小别墅），pioggia > pioggerella（细雨）等，其中 – ino 比其他指小语缀指小的程度更高，动词后的指小语缀为 – icchiare、– ucchiare，表示动作的小量（李善熙，2003）。汉语中"重叠""有的是＋N"等句法结构都是表达隐性量的重要句法结构形式。

从语用层面来看，语势量等都与隐性量的表达密切相关。语势是说话人的情感在语言中的反映，语势反映的是言语情感的"量"，不同的语势代表不同的言语情感程度，例如：

（19）今天很冷，是吧？
（20）今天很冷，请你帮忙关上窗子，好吗？
（21）请你帮忙关上窗子，好吗？
（22）请你关上窗子，好吗？
（23）请你关上窗子。
（24）关窗子！

① 也就是语义量。

（25）给我关上窗子！

（26）你个混蛋！给我关上窗子！

[例（19）至例（26）转引自李宇明，2000]

这八例表达的都是让某人"关窗子"的意思，但语势量从例（19）到例（26）逐渐加强（李宇明，2000）。

（4）显性量表达形式表达的可以是客观量也可以是主观量，而隐性量表达形式更倾向于表达主观量。

显性量表达形式表量具体、明确，因而更容易表达客观的量，如：

（27）我有一块钱。

（28）他三十五岁。

但这并不意味着语言表达中的显性量都表示客观量，很明显，我们可以借用一些主观量表达手段，如某些主观量标记"只""才"等来帮助表达主观量，如：

（29）我只有一块钱。

（30）他才三十五岁。

因隐性量表量的模糊与抽象，人们在表达这些量时往往带有一定的主观色彩，更容易成为主观量，如：

（31）他有的是钱。

例（31）中"有的是钱"不是对钱的"量"的客观具体的说明，而是表达说话人对钱的"量"的主观抽象的评价——非常多，"有的是 + N"是一种主观量表达结构。

（5）从语法层面来看，显性量表达形式有数量词标记，隐性量表达形式也有语言形式标记，但是二者的标记程度不同。隐性范畴与显性范畴都有语法标记，不存在完全没有标记的语法范畴（黄国文，2001）。标记理论认为，有标记是个程度的问题，在我们看来，相对于显性量而言，隐性量表达形式是有标记项，有标记程度更高。我们探讨的特殊"个"字构式就是有标记的隐性量句法结构形式。

表 1 - 1 概括了显性量和隐性量的区别：

表 1 - 1　显性量和隐性量的区别

比较项	显性量	隐性量
表现形式	明显	隐蔽
量概念	具体	抽象
表达手段	词和短语 （数量短语等）	语音、词汇、句法、语用 各个层面
主客观性	主观/客观	主观
有标记程度	低	高

本书将从隐性量的角度来考察一系列"个"字构式所表达的语法意义及其形成动因和机制。

1.2.2　研究的理论背景

本研究以认知语言学的理论和方法为指导。认知语言学是一种重视功能、语义因素对句法的促动、制约作用，从概念结构而不是从形式构造入手分析语言现象的理论。其基本主张是：自然语言是概念化的现实的符号表达，句法结构在相当程度上不是任意的、自主的，而是有其自然的动因（motivation）的。句法结构常常由认知、功能、语用等句法之外的因素促动，表层句法结构直接对应于语义结构，但语义结构并非直接等同于客观的外在世界的结构，而是与人在和客观现实互动过程中形成的身体经验、认知策略乃至文化规约等密切相关的概念结构相对应（张敏，1998）。

近年来，随着认知科学的发展和功能学派的崛起，认知语言学在国内外学术界的影响日益增大，不少学者在这一理论框架中研究了世界上各种语言里的众多现象，取得了丰硕的成果。

认知语言学强调语言是人的一般认知能力，语言现象必然受到人的认知因素的影响，句法现象的解释也应该从语言外部包括语言功能及人的认知中寻找原因。本书探讨的"隐性量"概念本身就是一个认知概念，在解释"个"字构式的句法语义现象时会运用到认知语言学的相关理论。

本研究以认知语言学的相关理论为总的理论背景，但是在研究过程中并不局限于其中一种或几种理论，我们主张用具体的理论解决具体的问题。本书涉及的理论有"有界"和"无界"理论、语法化理论、事件结构理论、"主观性"理论、"凸显"理论、构式语法理论等，这些将在讨论具体问题时再作详细介绍。

1.3 研究思路与研究内容

本书将从隐性量角度全面描述"个"字构式的句法语义互动现象，并运用认知语言学的理论作出解释；从共时、历时角度探讨各构式隐性量意义的形成机制和动因；揭示各"个"字构式隐性量表量的共性和个性特征，深层剖析"个"与隐性量构式间的互动关系；从类型学角度探索汉语与人类其他语言量表达的共性及个性。

具体研究内容如下：

（1）关于"V 个 N"结构的研究（第三章至第五章）。

第三章：从具体问题出发，指出"V 个 N"结构内部存在着形式和意义不对称的现象，根据"个"的性质和功能将"V 个 N"结构具体分为三种类型 S_1、S_2、S_3，其中的"个"分别为"个$_1$""个$_2$""个$_3$"，并用形式标准对它们作出较为清晰的区分。"个$_1$""个$_2$""个$_3$"的使用都与"量"的表达有密切关系，三者分别为普通名量词、特殊动量词、隐性量标记词，因为 S_1 是最普通、最常见的结构类型，我们重点对 S_2、S_3 进行深入分析。

第四章：关于 S_2 的研究，探讨什么情况下 VN 插入"个"会形成 S_2，S_2 与 S_1 的区别，S_2 形成的动因和机制，以及 S_2 中"个"作为特殊动量词与一般动量词的区别。

第五章：关于 S_3 的研究，分析在什么样的语用环境中"V 个 N"有可能是 S_3，"个$_3$"作为隐性量标记与"个$_1$""个$_2$"的区别，以及 S_3 形成的动因。

（2）关于"V 个 VP"构式的研究（第六章）。

首先分析"V 个 VP"构式的语义结构类型，确定其中与隐性量研究相关的"动作—结果"类"V 个 VP"构式（简称为 S_4）为本章的研究对象；接着考察 S_4 在表量上的特点，S_4 的语法意义的本质，S_4 与一般粘合补语和"得"字补语在量性特征上的区别，最后解释 S_4 所具有的量性特征的形成原因。

（3）关于"（X）整个一个 Y"构式的研究（第七章）。

首先分析"（X）整个一个 Y"构式（简称为 S_5）隐性量的句法语义特征，确定该构式特殊的构式意义，然后探讨该构式的适切语境及语用功能，最后分析该构式的形成动因和机制。

（4）关于"那叫一个 X"构式的研究（第八章）。

在前人研究的基础上重点探讨"那叫一个 X"构式（简称为 S_6）的来源及语法化历程，分析该构式的形成动因并寻求其认知解释。

（5）关于"个"字隐性量构式的类型学研究（第九章）。

主要考察"个"字构式在方言和其他语言中相应的表达方式，以此来了解汉语与其他语言在量表达上的共性和个性特征。

1.4　语料来源

本研究使用的语料主要有四部分：

（1）大部分来自于北京大学汉语语言学研究中心的语料库（CCL），共 838 803 906 字节。部分构式如"V 个 N/VP"在语料库中没有明确的标记，我们只能输入关键词"个"进行检索，然后逐步筛选出与研究相关的语料。

（2）"个"字构式更多地在口语中使用，书中部分用例来自于本人平时在日常生活中的收集，如日常对话、电视节目访谈、电视剧人物对话等。

（3）前人研究文章中的部分用例，书中都已作交代。

（4）剩余部分语料为自省所得。

2　隐性量范畴和"个"
结构的研究综述

2.1　量范畴和隐性量研究综述

2.1.1　数量范畴及与数量范畴相关的专题研究

这方面的研究以认知语言学研究方法引入数量范畴研究为界可明显分为两个时期：前期和后期。

2.1.1.1　前期研究

现代汉语中对数量语义范畴的关注很早就开始了，但对这一范畴进行专题分析和讨论的是吕叔湘（1942）、高名凯（1948）、房玉清（1992）。

吕叔湘（1942）将数量范畴的研究放在下卷的"表达论：范畴"的第一个部分，以意义为纲考察了汉语中表达数量范畴的语法形式，分"单位词——询问数量——定量：整数——分数——约量——些，点——以上，以下——一和多：们——次序——程度——动量"等专题加以阐述。他把数量概念扩展到形容词和动词，明确指出性状程度的差别也就是数量的差别，数量的观念也可以扩展应用到动作中去，如"笑一笑""大笑""微笑"等。该书最早明确提出"数量范畴"的概念并加以描写，但还没有形成系统，带有举例性质。

高名凯（1948）首次把"量词"作为汉语一个独立的词类进行专门研究，他指出量词是表示量的意义的语法成分，可以分为"率词（说明百分率的数目，如'皆、各、尽'）""比词（比较程度的，如'最、更'）""渐词（说明程度在变化历程中之深浅，如'渐、颇'等）"，最后还讨论了带"得"字的程度补语句。

房玉清（1992）根据外国学生学习汉语的需要专章介绍了汉语的数量范畴，他认为留学生要解决用汉语表达的问题，必须了解汉语某些特有的语法范畴及其表达形式，必须对汉语的某些语法范畴进行从意义到形式的分析和学习。语法范畴有着鲜明的民族特点，就数量范畴而言，英语名词都有"数"的范畴，但一般没有"量"的范畴，只有一部分不可数名词有"量"的范畴，如"a piece of"等；汉语只有一部分指人的名词有类似英语的"数"的范畴，但几乎所有的名词都有"量"的范畴。很显然，房玉清将"数"和"量"看成了两个不同的语法范畴，而且"量"范畴的研究主要集中在"量词"上。较《中国文法要略》而言，该书对相关数量词和数量短语的分析更为细致，对数量短语的类型及其语法功能也有很多独到的见解，但"数量范畴"的范围比较窄，对除数量词以外的表达数量范畴的语法形式关注不多。

从以上研究中可以看出前期数量范畴研究的特点：

（1）数量范畴的研究内容一开始就是广义的，除了显性量表达外，还包括隐性量表达，如程度补语句等。但这些研究还没有意识到显性量表达和隐性量表达深层次的区别，且研究焦点和重心还放在显性量表达上，对隐性量表达的分析大都带有举例性质，挖掘深度不够。

（2）建构数量范畴时包含内容甚广，但明显缺乏系统性，内部各层次参差不齐。究其原因还在于对"量"本身的认识还非常模糊，也缺乏对其本质的探讨。

（3）对与数量范畴相关的语言事实描写较多，解释不足。

2.1.1.2　后期研究

随着功能语言学特别是认知语言学的兴起，语义范畴的研究受到语言学界越来越多的关注。李宇明（2000）认为语义范畴是认知范畴的语言化结果，认知范畴是通过词汇、语法和语用来实现语言化的。他从宏观上对汉语的量范畴进行了理论建构，从中观上研究了一类有关量范畴的现象，从微观上分析了某些具有表达量的功能的句法格式。李宇明纵向讨论了"量"的表达内容，指出量范畴是由若干次范畴构成的系统，主要包括物量、空间量、时间量、动作量、级次量和语势六种；横向探讨了"量"的表达方式，重点分析了主观量的来源和主要表达手段，讨论分析了与"一"相关的两种格式，考察了"一量+否定""很有NP"格式及其发生学线索，最后重点讨论了复叠的类型和复叠的意义，指出复叠的根本语法意义是"调量"。

李宇明的研究加深了人们对量范畴的认识，"量"这一认知因素对语言形式有着广泛而深入的影响。李宇明使用"量范畴"这一术语，也从侧面强调了"量"的认知概念属性。"量范畴"概念的提出及系统构建拓宽了数量问题的研究思路，逐步引导研究者们从认知角度探讨和分析与量有关的语言现象，把对量现象的研究重心从描写转到解释上来。

　　随后从不同角度分析汉语量范畴的文章不断增加，研究成果日渐丰富，出现了一批"以量范畴"为专题的期刊论文及学位论文。从研究内容来看，主要分为两类：

　　第一类：以量的表达内容为研究对象的文章，如曹秀玲（2002）、陈光（2003）、姚占龙（2005）、吴春相（2006）等，具体有如下几个专题：

　　（1）量限表达专题。

　　曹秀玲（2002）以语义为纲，探讨现代汉语量限表达形式及量限对数量名结构的句法和语用的制约作用。该文在全面描写汉语的全称、存在和相对量限表达形式，探索它们之间的内在联系的基础上，提出"都"和"有"分别是汉语全称和存在量限的形式标志，相对量限根据量值大小分别与这两个标志词共现。量限概念的提出及现代汉语量限表达形式的分类在徐颂列（1998）的研究中已非常明确，曹秀玲的研究相对而言更为细致、全面。

　　（2）量级语义范畴专题。

　　陈光（2003）考察了现代汉语的量级语义范畴，主要着眼于单位量的变化和量的比较。该文初步建立了量级语义范畴系统，分专题描写分析了与之相关的几种语法形式：形容词的级范畴和副词的量级标记功能，现代汉语的重叠手段与量级的表达，准形态词"一"和现代汉语的瞬时体，由"啊"构成的表展延量的句法形式。文章关于重叠现象提出了不同的观点：重叠手段的目的是使潜在的量显性化，赋予形容词"较甚"的性状量级，赋予动词"短时持续并多次反复"的动作量，"轻微程度""短时量"均为特定语用环境下的随附意味。该文认为"只要能在这个量轴上找到它特定的位置"就"代表了一个量级"，这个量级的概念明显过宽；另外，相关专题中的一些研究与量级的关联性似乎不够明显。

　　（3）程度量范畴专题。

　　姚占龙（2005）以语义为线索，探讨了潜藏于语言单位内部或语言单位之间的程度量语义特征对语言单位句法功能的制约作用。该文详细描写了五种主要的程度量表达形式及内在的程度量等级。在词汇层面根据词语的程度量大小，将词语划分为若干程度量等级，并进一步指出程度量不仅限于同义词，反义词也是程度量的一个重要表现。接下来依次考察了"有+名"和"副+名"两种表量结构，"就"的语法化历程及其表量功能的发展来由，不同形态的重叠式状态形容词之间及同一重叠形式之内的程度量等级。虽然文中某些观点前人已有所涉及，但选择程度量作专题研究仍然具有不小的价值。文章结论部分提到的"因为程度量是一种抽象的句法语义属性,所以它较多地表现为隐性量"对本研究也有启发意义。

（4）时量范畴专题。

吴春相（2006）以语义为线索,以点带面,探讨了现代汉语语素、词、句法格式三个层面中存在的时量问题,并初步构建了时量认知语义系统。文章主要探讨了时间名词、频率副词、拟声词、"述结 + 有 + 数量结构"的时间量表达及语素的语法类别与时间次类问题。

（5）词类量性特征研究专题。

这一专题主要集中在形容词记量研究上。

朱德熙（1982）最早关注到形容词的表量特性,明确指出状态形容词里面包含一种量的观念。

对形容词的量性特征进行全面描述的是张国宪（1996）,他根据量性特征将形容词分为定量形容词与非定量形容词。根据与其搭配的不同量级的程度词将形容词大致分为四个量级:微量、中量、高量和极量,并考察了不同量级的程度词和记量方式的单用及叠用情况。在此研究的基础上,张国宪（2000）进一步指出量性特征是形容词的典型特征之一,形容词在量性特征上的差异表现在弥散量与固化量、隐性量与显性量、静态量与动态量三个方面。语义上的量性特征与形容词的次范畴之间有一种自然关联,即无标记特征与性质形容词相关联,有标记特征与状态形容词和变化形容词相关联。在无标记的程度上,不同的形容词次范畴之间呈现出一个等级:性质形容词 > 状态形容词 > 变化形容词。最后指出形容词的典型句法特征是作定语,量幅越大作定语越自由,反之量点越集中作谓语越自由。

李劲荣（2004）对状态形容词各小类的量级特征进行了考察,指出它们之间在量上存在着一个相对的高低等级序列:BA、AA > AABB > ABB > AAde。这一等级序列可以通过各小类自身量的表现、各小类量的相互比较以及各小类受程度副词修饰的情况等方面体现出来。

以上关于量范畴的文章都是从语义角度来考察表达语义量的语法表现形式,并建立起相应的语义模式和表达系统的,而下列文章则是从表达方式的角度考察表达量范畴的表达形式。

第二类:以量的表达方式为研究对象的文章,有陈小荷（1994）、李善熙（2003）、杨娟（2007）等的研究,按专题分类,主要有以下几种类型:

（1）主观量专题。

陈小荷（1994）较早开始讨论主观量的问题,明确提出"主观量"是含有主观评价意义的量，与"客观量"相对立，可分为主观大量和主观小量。文章从语义指向的角度讨论了副词"就""才""都"跟主观量的关系。这是国内第一篇明确提出主观量概念并用它来解释语言现象的文章。

自此以后，李宇明（1997、1999a、1999b、2000）又对这一专题作了研究，既有对主观量来源的理论探讨，也有对与主观量相关的具体语言现象的分析。主观量问题一时成为量范畴研究的热点问题，学界对汉语中与主观量表达相关的语言现象作了许多微观的考察和分析，这些研究主要集中在副词、连词及语气词等几个方面。

周守晋（2004）探讨了副词"就""才"表达主观量的问题；张谊生（2006）指出主观量标记词"没""不"用于主观减量，"好"用于主观增量；胡建刚（2007）分析了三个主观量度标记词，得出结论：语气副词"才"表示"主观差量"，"都"表示"主观超量"，语气助词"了$_2$"表示主观足量。

李善熙（2003）全面考察了主观量在汉语中的各种表达手段，包括语音手段、词汇手段、语序手段、复叠手段、语气词等。语音手段主要包括轻重音、变韵、变调、元音开口度、长短音以及小称语缀等；在分析词汇手段时，该文用最基本的几对空间概念——"达到""不过""超过""不到""连续"对主观量表达的各种词汇手段作了较系统的归纳和解释；在谈到语序手段时，该文指出语序的变化能引起主观量、主观性程度的变化，语序的颠倒能引起主观量大小的颠倒；该文系统考察了各种类型的复叠手段，包括重叠（体词、动词、形容词重叠）、重复及重复格式（"N就是N""P又P"、重动句等），最后主要分析句末语气词和语气副词表达主观量的功能，对一些语气副词的异同从实词虚化的角度进行了考察和解释。

（2）模糊量专题。

杨娟（2007）将"模糊量"作为系统研究对象，根据人类认识事物量的不同方式、运用的不同测量工具、区分的不同单位，为模糊量范畴设立了四个下位范畴：约量、估量、虚量、模糊单位。在分析归纳的基础上探讨模糊量各个下位语义模型的基本语义要求及其语表形式，并从认知心理、价值论等角度作更深的解释。

（3）语用量专题。

相对而言，语用量的研究比较薄弱，这方面的研究主要集中在话语信息量的分析上。沈家煊（1999）在讨论宾语和自然焦点时，介绍了鲍林格（Bolinger，1952）提出的"线性增量"原则，即在没有干扰因素的条件下，随着句子从左向右移动，句子成分负载的语义越来越重要，这一原则跟人的认知心理一致，并用这一原则解释了存现句、受事主语句的语序问题。杨艳（2004）以"是"字结构为典型个案研究了"语用量"系统的各种表达手段，认为"语用量"是与语言的动态使用有关的量范畴，"是"字结构表达的主要就是"语用量"。齐沪扬、胡建锋（2006）认为"X是X"是负预期量信息的标记格式之一。

后期量范畴的研究有以下特点：

①量范畴的研究内容不再局限于数量词表量研究，范围不断扩大，从语音到词汇再到句法语用层面都涉及"量"的因素。

②研究专题非常丰富，人们对量范畴的认识日益深刻。

③在描写的同时注重解释，描写与解释并重。

2.1.2　数量范畴对句法结构制约的研究

数量范畴对句法结构的制约这一课题最开始是从数量词对句法结构的制约作用引发出来的。

陆俭明（1988）系统地总结了数量词对汉语语法结构的制约作用，指出某些句法组合没有数量词就不能成立，而某些句法组合却排斥数量词。沈家煊（1995a）从人类认知上"有界"和"无界"的对立角度对这些现象作了统一的解释。

沈阳（1995）从动词性句法结构中名词短语移位角度进一步说明数量词对名词短语移位结构的制约作用，集中讨论了数量NP或NP中的数量词移位时句法结构应具备的形式条件，肯定了数量词对句法结构形式的重要影响，认为"一定的语法范畴（数量范畴就是其中一种）对句法结构的形式都会有所制约，而一定的句法结构形式也会表现出某种语法范畴的一些特点"。

这些研究都是从数量词对句法结构的制约现象引发出来的，而沈家煊（1995a）对这一现象的解释上升到了人类认知对"量"的认识的高度，对后来的研究很有启发意义，很多语言现象都可以从"有界"和"无界"的角度得到解释。石毓智（1992、2000）及张旺熹（2005）还从认知上分析了汉语量语义特征研究的重要意义。

石毓智（1992）从认知语言学角度系统地研究了客观世界的数量特征对汉语语法的设计原理的影响，他把与现实联系最紧密的语言层面——语义归结为抽象的"量"，考察了"量"对肯定或否定结构的制约作用、词语的数量特征与其句法功能之间的对应关系，并用这些普遍结论来解释、证明各种各样的具体问题。

石毓智的研究得到了徐通锵（1997）的极大肯定，在讨论语义范畴问题时，他指出"语义范畴是语言研究的一个新问题，以往缺乏系统的研究，尽管如此，我们不难看到一些真知灼见"，他重点讨论了"离散/连续""定量/变量"等四对范畴，其中"离散/连续"是结构单位语义分类的基础。

石毓智（2000）系统地探讨了数量语义特征对汉语体标记、助词"的"、量词系统、名词化、重叠等一系列语法现象的影响，认为数量语义特征对语法系统的影响是人类语言的一个共性，从汉语中总结出的有关规律具有普遍性，并尝试把这种规律应用到英语名词化问题的分析上。这些研究是对其之前研究（1992）的延续和深化，再一次证明了汉语中"量"这一认知语义因素对汉语语法深层次的制约和影响，这种从语法形式背后寻求语义和认知的理据的研究思路是可行的，对我们的研究很有启发。

张旺熹（2005）指出隐性的量范畴是对句法结构起着最深刻影响的语义范畴之一。比如，连字句表达的是人们在量级观念的基础上，根据情理值的大小来对外部事物进行序位化操作的过程；重动结构以远距离因果关系为认知基础，这种远距离因果关系突出表现为超常量特征；汉语句法重叠形式无一不体现出量的因素和量的特征，它们进一步表现为无界的量，等等。

我们比较重视从认知语言学角度探讨隐性量范畴对语言形式的影响和制约作用。认知上的"量"相对于句法表层形式上的数量结构而言具有隐含性，而且是最根本、最本质的制约因素。从认知上的"量"考虑数量范畴的重要性能看到除数量结构以外更多的内容，如重动句、重叠等句法结构形式。

2.1.3　量范畴类型学研究

量范畴的类型学研究首先体现在方言量范畴和量现象的研究上，既有微观现象分析，也有系统的宏观考察。

刘坚（1993）考察了乐平方言形容词"量"的表达式；郭校珍（2000）介绍了娄烦方言比较特殊的重叠式形容词，指出在娄烦方言的重叠式形容词内部存在一个量的级差系统；张一舟（2001）指出成都话中助词"打"和"把"是主观量范畴的两种特殊表达形式，"打"用来表示主观大量，"把"用来表示主观小量。

陈小明（2004）通过考察发现粤语具有丰富而独特的表量方式：变换

声调以表示"小""少"义的小称变调；单音节量词之后添加与前一音节韵母、声调相同而声母变为"l"的音节以表示量大；在量词后加上"－仔""－儿"等小称后缀表示量小；用"AA""一A一A""一A二A"等重叠形式表示量大；还可以在"数·量"结构中间插入形容词来表示量大或量小。彭小川（2006）指出广州话的结构助词"啲"兼表复数意义。

陈淑梅（2007）全面系统地考察了鄂东英山等十个县市方言中的量范畴系统，先后从纵向、横向的角度讨论了鄂东方言量的表达内容及量范畴的不同形态：从纵向角度看，鄂东方言量范畴系统可表达事物量、空间量、时间量、行为量、程度量等；从横向角度看，鄂东方言量范畴的主要表达方式有主观量、约量、重叠等。她还特别指出主观量指的是一定的语法手段所表达的说话人对数量的一种主观评价，依据对量的评价结果可分为主观大量$_1$和主观量$_2$。主观大量$_1$表示量的大小；主观量$_2$表示量的满意度。但重叠形式本身表达的量既可以是主观量也可以是约量，该文把重叠形式和主观量及约量看成一个平面的表达方式似有不妥。

类型学研究的第二个方面是对汉语以外的其他语言的量现象进行研究。

高鹏（1991）指出英语中表示量概念的词不仅仅是数词，其他词类（冠词、连词、感叹词除外）在英语当中也都表达量这一概念。如表示完全否定的词语如"none of them"和表示"单一""全部"含义的词语如"a single ticket"都可以表达具体的量；表示"大约""近似"的词语如"almost half"和表示"少量""大量"概念的词语如"a few visitors""heavy rain"等都可以表示非具体的量；表示"更多""更少""等量"意义的词如"more cash""less damage""same time"等可以表示相对的量。最后还指出"量"的词汇占词汇的14.46%，掌握"量"概念的词汇对于增强英语语感、正确理解英语原文资料至关重要。

李恒仁（2006）在对汉俄两种语言的表量意念词进行对比后，得出结论：俄语不像汉语那样有独立的量词词类，但借助表量名词及其他表达手段（如动词体、名词数和格的变化、感叹词及一些惯用法等）可以充分地表达出汉语的表量概念；俄汉两种语言在表量概念上的表达手段不同，充分体现了两个民族对客观现实世界的认知角度不同，展示了两个民族"语言的世界图景"。

董静（2006）对比分析了现代汉语、英语中关于名物确定量的表达方式，指出英语中并不存在与汉语量词完全对应的量词概念，汉语名量的表达属单重表达，而英语名量的表达属双重表达，另外，汉语表量形式的简洁是以量词的大量存在为补偿的，而英语中不存在单独的量词词类是以表量形式的繁复为补偿的。

国外关于数量范畴的研究主要包括数范畴研究和形式语义学上有关量词的研究。前者以《数》（*Number*）（Greville G. Crobett，2000）为代表。该书收集了 250 种语言的相关材料，从更为宽阔的视野来分析数范畴的可能系统，不但揭示了其表达的多样性，而且发现了其各种令人意想不到的特殊功能，这一研究对于语言范畴的类型学探索具有非常重要的意义。就其研究内容来看，该书主要分析了世界语言中名词和动词数范畴的表达形式，并结合具体语言事实将两者的句法表现、数值多少及形式的广泛性进行比较，最后还探讨了数范畴的发展及其与其他范畴如有定性范畴的关系。该书的研究为我们的研究提供了类型学的角度和视野，有很好的参考价值。

国外量词的相关研究情况徐烈炯（1990）、易仲良（1994）、张乔（1998）和伍雅清（2000）都有所介绍。讨论的问题主要集中在量词的类型、量词的辖域、广义量词理论、量化句的逻辑分析等几个方面。这里的量词是逻辑语义学上的概念，一般只有两个——全称量词和存在量词。自然语言中"all""every"相当于全称量词，"some"等相当于存在量词，表示某人或某物至少有一个。这些对量词的讨论一般都是在限定词范围之内进行的。

2.1.4 隐性量表达的相关研究

陈小荷（1994）将"量"的表达形式分为两种：广义的"量"和狭义的"量"；前者是用非数量词表达的"量"，后者是用包含数量词的体词性短语表达的"量"。该文将主观量的考察对象限定为狭义的"量"，所以规定主观量在形式上一定是含数量词的体词性短语，没有考察广义的"量"的表达。广义的"量"与"隐性量"密切相关，只是前者的提法还比较笼统，没有概括性。

李宇明（2000）提出了"暗量"的概念，即不用数量词语而用其他手段表达的量，与"隐性量"提法接近。姚占龙（2005）在研究程度量范畴时也使用了"隐性量"的概念。

张旺熹（2005）明确提出了"隐性量"的概念。在此研究的基础上，张旺熹（2009）系统地描述、刻画了隐性量范畴在汉语双数量结构、重动结构、连字句、存现句、结果宾语句、"V + 个 + VP"结构、句法重叠结构、并列结构、"又 A 又 B"格式、对举格式和疑问代词关联句中的句法语义表现及其制约作用，该书是目前为止以隐性量为研究对象的唯一专著，具有十分重要的价值。

从总体来看，量范畴专题研究角度多，研究面也比较广，隐性量的研究也取得了一定的成果，但目前对隐性量这一概念本身还缺乏理论性的解释。另外，隐性量包含的内容非常广，还需要从更广的范围和更多的层面上开展研究。

2.2   "个"的研究综述

"个"的研究很早就引起了研究者的兴趣，重要原因在于"个"有着不同于一般个体量词的用法。我们主要按照研究的角度对与本书相关的"个"的研究情况作一个大致的梳理。

关于"个"的研究，前人研究较多、讨论相对深入的主要集中在以下几个方面：

2.2.1   "个"的特殊用法和功能研究

2.2.1.1   "个"的泛化现象研究

"个"作为个体量词与名词搭配的能力非常强，使用频率也非常高，这是"个"不同于一般个体量词的首要特点。关于这种现象的讨论主要集中在"个化"现象是否存在、"个化"现象的发展趋势及"个化"现象产生的原因三个方面。

戴婉莹（1984）提出"个化"是表量的个体量词发展的必然趋势，"个化"是合乎科学性的。孙汝建（1996）则认为量词的所谓"个化"现象在现代汉语中是不存在的，"个"在特定语体中使用的高频率，只能说明量词"个"的使用范围之广，而不能说明量词"个"能取代其他量词的地位。

与二者不同的是，薛健（2006）直接给"个化"下了一个明确的定义，所谓量词"个化"，是指现代汉语量词中，具有相当强的量·名组合功能的特殊量词"个"的使用范围越来越广，使用频率越来越高，出现使用泛化的现象。他一方面既注意到"个"与名词组合时使用范围扩大的现象，另一方面也并不赞同量词将走向消亡而"个"将一统天下的说法，这样的分析更为严谨、科学。

关于"个化"现象产生原因的研究主要体现在周国光（1996）中，该文从语言内部和外部两个方面解释了"个"量·名组合功能扩大的原因，指出"个"作为算筹的单位及算筹具有数学上的抽象概括能力为"个"的量·名组合功能扩大提供了外部条件，从语言内部来看，先秦时期汉语个体量词不发达的状况及语言经济原则的制约使"个"获得了扩大使用范围的动力。

2.2.1.2 "个"的非量词用法研究

"个"的特殊用法中除了"个化"现象较受关注以外，对"个"的非量词用法的研究相对而言更为集中、深入。

张纯鉴（1964）描写了几种"个"字不再表示事物单位的用法。①"个"字用在数量结构前表示约数；②表示动量；③"个"字用于动词后，使其后面的非体词性成分变成体词性成分，来作动词的宾语；④表示强调；⑤表示无定；⑥作量词"些"的后缀成分。

吕叔湘（1980）指出"个"有一系列跟动作有关的用法。列举如下：

①"一个"跟少数名词、动词结合，用在谓语动词前，表示快速或突然。

②动＋个＋约数，跟不用"个"相比较，有"个"显得语气轻快、随便。

③动＋个＋宾，常常两个连用，有时还在后面加"的"或"什么的"。整个语句显得轻快、随便。有时表示"一次"，如：我跟他见了个面（＝见了一次面），上了个大当（＝上了一次大当）。

④动＋个＋形/动。"个"的作用跟引进补语的"得"相近。

⑤没（有）＋个＋动/形。有的形容词要带儿尾，用于口语。

这些分析见解精彩、独到，但并未对"个"跟动作有关的用法和个体量词的用法作出定性上的区别，将它们都统一归入量词。宋玉柱（1993）指出了这一弊端，明确指出现代汉语里至少有两个"个"——量词和助词。用于名词或名化的动词、形容词前的"个"是名量词，用于补语前的"个"是助词。

刘学敏（1983）在前人研究的基础上对"个"的特殊用法作了更进一步的扩充，总结了汉语中"个"的十种特殊用法：

①"个"可以用在动词和概数之间，显得语气轻快、随便。

②用在动宾结构中或支配式动词中间，用来表示动作的次数或个数，其数量等于"一次"或"一个"。

③用在动词和宾语之间，通常是两个或两个以上带"个"的动宾短语对应出现或连用，句尾常带"的"或"什么的"。有时也可将"什么"放在句首，句尾常有"啊"呼应。也可以只用一个动宾短语，当只有一个动宾短语时，其动宾短语后必须加"的"或"什么的"。整个句子显得轻快、

随便、自如。

④用在动补结构中间，个的作用与引进补语的"得"基本相近，但比带"得"更富于描写性。

⑤用在"有/没（有）＋动/形"中间，属口语方面较为随便的说法。用否定形式时，表示一种行为动作一直保持或一直进行着。

⑥与"一百、一千、一万"等数词一起使用，表示态度坚决、十分强调的语气。

⑦用在人称代词或专用名词前，表示一种特殊的强调。

⑧跟少数动词或名词结合，用在谓语动词前，表示速度快或突然。"个"前必须加"一"。

⑨用在疑问代词"什么、啥"前，表示一种肯定的语气，有时含有不在乎、不吝惜的意味，有时含有瞧不起的意味，或瞧不起自己，或瞧不起别人。"个"前不能加数词。

⑩用在"把＋N"中间，表示特殊强调，其意思等于"这个"或"那个"，"个"前不能加"一"，如果加"一"则不表示特殊强调。

这十种用法虽然涉及了一些"个"的特殊使用现象，但研究未能深入，某些提法带有零散的举例性质。

王志武（1999）描写了"个"的一些非量词用法，并比较了"个"的量词用法和非量词用法的区别，认为量词"个"是个实词，表示事物具体的量；非量词"个"是个虚词，只表示某些附加意义（句子的语气或结构关系），二者有着根本性的区别。

这些分析涉及许多与"个"相关的特殊结构和用法，但很多问题并未能深入展开讨论，简单的现象罗列式描写和说明远远解决不了这些问题，专题研究有待深化。

2.2.1.3 "个"的特殊表达功能研究

"个"作量词和非量词时，还有一些特殊的表达功能。研究者从不同的角度考察了"个"的特殊表达功能。

张欣（1999）指出作为通用个体量词的"个"，除了表示事物单位以外，还有许多附加的意义和其他功能：表示无指，在语音上凑足音节，指称抽象事物，表示小、轻视，表示非名词作宾语等。

杉村博文（2006）认为有些本来不与"个"相配的事物在某些上下文中可与"个"相配出现，这是"个"经过语法化获得的一种主观用法，量词"个"具有激活事物文化属性的功能。

王莉（2001）从焦点角度入手考察了"动＋个＋名"结构，认为

"个"的新功能是标示它后面的名词是焦点。

张伯江、李珍明（2002）从词汇、句法、篇章的角度考察了"是NP"和"是（一）个NP"的差异，指出"是（一）个NP"在语用上有强烈的主观表达倾向，"是NP"则是一种比较中性的句式，对主观意义和客观意义没有明显的偏爱。文章最后谈到"NP一个""把个NP"和"是（一）个NP"等三种格式，认为其中"（一）个"所带有的"主观评价意义"也许都是格式（construction）带来的，但是，不同的格式表示主观意义的时候都选择了"（一）个"，这不是偶然。

石毓智、雷玉梅（2004）认为"个"的功能在于标记宾语，主要作用有二：①使得抽象的、无指的（non-referential）名词、动词和形容词离散化，表示单一的、明确的个体；②使得一般的、无界的（unbounded）动作行为离散化，表示单一的、具体发生的事件。

以上研究从不同视角和不同理论取向对"个"在汉语中的多功能用法作了深层次的分析和探讨，而与本书直接相关的研究主要是杉村博文（2008）和任鹰（2013）的研究。

杉村博文（2008）在共时平面对现代汉语量词"个"的贬值功能进行了描写和分析，认为当量词"个"出现在述宾短语中时可以具有"贬值"功能，能把动作行为的价值往低里、小里说。"个"后并列式概数和各种谓词性词语作宾语时也有同样的功能。

任鹰（2013）注意到某些语境中的"个"已由以"客观计量"为主要功能的成分演化为以"主观赋量"为主要功能的成分，且这种赋量功能与在"V个NP""V个VP"结构中表现出来的"量"的特征截然相反，前者为"主观小量"，后者为"主观大量"，这一现象的形成与"个"的个体化功能有关。

二者都认为"个"与"量"的表达密切相关，对本书的研究很有启发意义。但某些观点我们并不完全认同，如杉村博文（2008）认为"V个VP"中"个"也有贬值功能，任鹰（2013）认为"V个VP"大量意义的形成与"个"的个体化功能相关，这些问题都有进一步讨论的必要。

2.2.2 "个"字构式的个案研究

前面对"个"的特殊用法和功能的讨论已涉及部分"个"字构式的研究，以下侧重以各个具体构式为纲梳理前人的研究成果。

2.2.2.1 "V个N"构式的研究

"V个N"即动宾结构中插入"个"的形式，前面"'个'的特殊用法和功能研究"中，张纯鉴（1964）、吕叔湘（1980）、刘学敏（1983）、王志武（1999）的介绍都提及了"V 个 N"结构，有几个重要观点值得我们关注。

（1）"个"放在动宾结构中有表示动量的作用（张纯鉴，1964）。

（2）"V 个 N"常常两个连用，有时还在后面加"的"或"什么的"，整个语句显得轻快、随便（吕叔湘，1980；刘学敏，1983）。

（3）"V 个 N"中的"个"有时不表示量的概念，相当于动词重叠（王志武，1999），"个"字凡与动词重叠用法相同时，一般都带有"时间短"或"无足轻重"等意义（张纯鉴，1964）。

前面我们也提到，对这些"V 个 N"结构的研究只是简单的归纳式分析，还有很多问题没有得到解决，远远不够系统和深入，相比较而言，李宇明（1988）、李炜（1992）、李美妍（2007）对"V 个 N"结构的分析就更为细致深入。

李宇明（1988）将动宾结构中的"个"分为量词"个$_1$"和非量词"个$_2$"，分析了"个$_1$"和"个$_2$"、"个$_2$"与动量词的区别及"个$_2$"的语义、语法功能。他认为"个$_2$"是个既非名量词亦非动量词的特殊语法单位，是个口语化词，它的主要语义功能是给整个动宾结构附上"轻巧随便"及由"轻巧随便"引申出来的非理性意义。

李炜（1992）将"V 个 N"结构分为"V 个$_1$N""V 个$_2$N"两类，"个$_1$"指量词，"个$_2$"指非量词，并利用各种语法手段对"V 个 N"进行分化，并对"V 个$_2$N"从语法结构、语义结构、语用功能等方面进行了初步的描写。但是对"V 个$_2$N"的研究没有结合具体的语境来分析，某些观点也有失偏颇。

李美妍（2007）从句法和语义等方面考察了"V + 个 + N"结构，探讨"个"进入"V + N"结构的条件及"V + 个 + N"结构的句法特点；详细分析了"V + 个 + N"结构在不同语境下的派生意义，归纳出结构的基本语义功能是"减势"，减势是该结构的"体"，而"表示事件微小""表示随便""表示不在乎、无所谓""表示经常做的事情"等都是"用"，是结构的减势作用在不同语境下派生出来的意义。

这些研究都注意到了"V 个 N"结构的特殊性，但仍然有许多值得进一步思考和研究的问题：

（1）"V 个 N"结构的内部分类问题。李宇明（1988）和李炜（1992）都将"V 个 N"结构分为两类，但吕叔湘（1980）等人提及的"V 个 N"中"个"表动量的用法在二人的研究中并未提到，"V 个 N"结构的内部分类问题值得进一步研究。

（2）吕叔湘（1980）等人注意到"个"有表示动量的用法，但没有对这一用法作具体的描写和分析，比如表动量的"个"能出现在什么样的动宾结构中？为什么"个"能产生这样的用法？"个"与其他动量词到底存在着什么样的差异？

（3）"个"在某些动宾结构中能表示"轻巧随便"，该结构出现的具体的语用环境是怎样的？"轻巧随便"是否能准确地概括"V 个 N"结构中"个"的语用意义？这种用法与普通的"V 个 N"结构中"个"为名量和动量的用法有什么区别？

（4）"V 个 N"结构内部出现形式和意义不对称现象的根本原因是什么？

（5）"V 个 N"内部不同意义之间的联系纽带是什么？是什么样的语义因素制约着这些不同的语法意义可以用同一语法形式来表现？

从总体来看，"V 个 N"结构的特殊性已经引起了学者们的注意，但其内部分类仍然不够准确，该结构内部不同小类之间形式上的区分，各小类"V 个 N"中"个"的性质及结构整体的语法意义，"V 个 N"结构内部形式和意义的不对称现象的形成原因等都还没有全面和系统的分析，有必要进行专题研究。

2.2.2.2 "V 个 VP"构式的研究

"V 个 VP"结构中"个"后成分为动词或形容词，离"个"作名量词的用法更远，为汉语里非常特殊的一类结构。在讨论"个"的非量词用法时，吕叔湘（1980）、刘学敏（1983）等也提到了这种结构，与"V 个VP"相关的研究主要集中在对"V 个 VP"结构语法性质的讨论及"个"与"得"的比较两个方面。

（1）"V 个 VP"是动宾结构还是动补结构？

① "V 个 VP"为动宾结构。

朱德熙（1982）认为"V 个 VP"中"个 VP"为程度宾语；赵元任（1979）将之归为假宾语；马庆株（1983）在讨论现代汉语的双宾语构造时涉及"V 个 VP"结构，与这一结构相关的类别包括原因类（如"喜欢他个勤快"）、时机类（如"吃它个脆"）、表称类（如"骂他个糊涂"）、结果类（如"问他个明白"）等。

邵敬敏（1984）认为"动 + 个 + 形/动"为动宾结构，可分为受事宾语和结果宾语两类，结果宾语中的"个"已有虚化趋势，并不表示具体的指量意义，只起使整个结构体词化的语法作用。

　　李剑影（2007）根据"句式语法"理论，利用"双宾语结构"的核心语义是"有意的给予性转移"这一观点，从"与者""受者""给予物"和结构中的动词四个方面研究"玩它个痛快"，即"V + ta + ge + ~"结构。他认为这一结构利用双宾语结构的形式特征，用虚化的"ta"填充间接宾语的句法空位，用"个"将后面的结构体词化，充当直接宾语，表达了自身特有的句式语义：能动地赋予（某物一个状态）+ 将来时态，该句式语义可以分析为处置性、非现实性和施动性。

　　②"V 个 VP"为动补结构。

　　丁声树（1979）认为"V 个 VP"如"喝个痛快""下个不停""打个落花流水"等是特殊的动补结构，其中的补语是带"个"的补语；游汝杰（1983）也持类似观点；太田辰夫（1987）认为"V 个 VP"是状态补语结构，根据"个"后成分的不同类别可将之分为如下四类：

　　a. 说个明白（"个"后为形容词）。

　　b. 骂个不休（"个"后为"否定副词 + 动词"）。

　　c. 杀个鸡犬不留（"个"后为成语）。

　　d. 打得个落花流水（用"得个"连接，"个"后为成语等）。

　　张明辉（2005）认为"V + 个 + VP"为动补结构，并综合运用现代语言学和语法学理论从句法、语义和语用三个方面对它进行了分析和解释。

　　与上面非此即彼的定论不同，祝克懿（2000）和张谊生（2003）对"V 个 VP"的内部结构进行了动态的分析和比较，认为动宾结构和动补结构之间存在着渐变的连续统，动补结构是由动宾结构语法化而来的。

　　祝克懿（2000）认为在"动 + 个 + 形/动"结构模式中，"凑个热闹"类结构是述宾结构，"个"是指示名量的量词；"围得个水泄不通""搞了个乱七八糟""打他个落花流水""问个明白"类结构是述补结构，"个"是指示结果、情状、程度的量词；"说个没完"类结构也是述补结构，但"个"是附着于动词作补语标记的结构助词。

　　张谊生（2003）指出现代汉语中的"V 个 VP"，从动宾到动补可以依次细分为五个小类：图个新鲜/凑个热闹 > 洗个干净/烧个精光 > 围了个严严实实/打了个落花流水 > 喝他个痛快/闹他个人仰马翻 > 说个不停/闹个没完没了。除了第一类是述宾结构之外，其他四类都可以归入述补结构，尽管第二、第三小类还不能算严格意义上的述补结构。他还从历时的角度分析了"个"由量词发展为助词的进化历程和虚化诱因。

　　（2）"V 个 VP"与"V 得 VP"的差异。

　　"V 个 VP"与"V 得 VP"之间的差异一直是讨论的焦点。吕叔湘

（1980）认为"个"大致相当于"得"，游汝杰（1983）从前接成分、后接成分和适用范围等三个方面系统比较了"个"和"得"的不同。

苏文丽（2007）从表达功能的角度解释了"V＋个＋VP"和带"得"的述补结构的差别，认为"V＋个＋VP"重在叙述一个事件，是动态的，而带"得"的述补结构重在描写结果状态，是静态的。当文章侧重叙述事件，尤其是叙述的事件不止一个，且有先后或因果关系时，一般要用"V＋个＋VP"结构；当文章侧重描写动作造成的状态时，一般用带"得"的述补结构。这种从表达功能的角度对二者作出的区分能解释一部分问题和现象，但是还比较模糊，不太容易把握。

另外，陈晓阳（2006）、张明辉（2006）还讨论了二者表量上的差异：

陈晓阳（2006）从量级和时态两个角度对二者进行了比较研究，发现它们在这两个方面呈现出对立互补分布，认为与"得"相比，"个"后补语在量级上几乎都表大量，在时态上倾向于使用进行体或未然体，并假设"V＋个＋VP"结构中的"个"是一个"具有某种表量意义的结构助词"，"V＋个＋VP"结构的核心意义是表达对动作行为量的补充说明，且表现为大量。

张明辉（2006）在对比"V＋个＋明白"与"V＋得＋明白"时指出，"V＋个＋明白"具有有界性、结果性和未然性的特征。"V＋个＋明白"中的"明白"表示高量。

前人对"V个VP"结构中"个"的性质和虚化问题关注较多，但对该结构所具有的量性特征的研究相对来说较为薄弱，主要体现在如下几个方面：

①"V个VP"结构是否具有表量性质还存在着争议。

②较少分析"V个VP"结构表量形成的原因，与"V得VP"在量性特征上的差异研究还停留在举例对比的层次，没有从构式的高度对二者进行系统、深入的分析和比较。

2.2.2.3　"（X）整个一个Y"构式的研究

目前与"（X）整个一个Y"构式相关的研究仅见于周一民（2006）、刘长征（2007）。

周一民（2006）在讨论名词化标记"一个"时提及该构式，认为"整个一个＋动词语"是由"整个一个＋名词语"作谓语的句子派生出来的，"整个一个……"起述谓作用，相当于"完全是一个……"，意思是非常像某人或某事物。"一个"带有夸张意味，"整个一个"实际上语义重复，起突出强调被修饰语的作用。

刘长征（2007）讨论了"（X）整个一（个）Y"的表达功能、句法语义特点及篇章功能，认为该格式是带有强烈主观夸张色彩的判定或评价格式，强调和凸显 Y 所负载的信息，"整个一（个）"有语法化倾向。

前人对该格式的句法语义特点及篇章功能讨论充分，但对该构式夸张意义的由来及该构式的形成动因和机制还缺乏深入的分析。

2.2.2.4　"那叫一个 X"构式的研究

"那叫一个 X"构式的研究主要包括该构式的句法特征、语用功能及构式与构式成分的互动关系。

周一民（2006）指出该构式中的 X 为动词和形容词性成分时已经名称化，"一个"表示的是一种"夸张"的语气，即表示"整个的、完全的"之意。

唐雪凝（2009）认为该构式可以独立成句，也可以作谓语、补语，"X"最常见的是谓词性词语，格式的表达功能是强调和凸显 X 所负载的信息。说话人主观上认为"X"具有超乎常理的状况，用该格式表达自己的主观夸张情感。

甄珍（2016）论证了该构式的构式特征，并从构式角度分析了该构式的句法特征、构式与成分之间的互动关系，将该构式的构式义概括为通过对某一主体性状的强主观性评价与命名来表达高程度义。

这些研究对构式句法语义特征的讨论较为深入，但构式的来源尤其是构式的高程度意义的形成缘由尚不明确。

"个"由于其特殊用法受到了研究者们广泛的关注，前人从共时平面和历时平面对"个"的用法作了梳理和总结，从现代汉语、古汉语、方言等多个角度对"个"作了大量的研究。这些研究在句法语义和句法功能的讨论上较为深入，但未能从一个统一视角对几个构式作整体的考察，也就无从深入考察"个"与这些构式之间深层次的互动关系。另外，这些构式的某些重要的句法语义现象（如"V 个 N"的语义分化及语义理解等）还未引起人们的充分关注，各构式的形成动因和机制特别是量意义的来源问题尚不明确，有必要进行深入研究。

3 "V 个 N"结构的语义分化与
"量"的表达

3.1 引 言

本章讨论的"V 个 N"即动宾结构中插入"个"的形式，其中的"个"可能是量词，也可能不是量词，如：

（1）我刚才吃了一个苹果。
（2）你白天在队里干那活儿也叫干活儿？混个公分罢了。（转引自李宇明，1988）

例（1）中"个"为普通名量词，修饰"苹果"，例（2）中"个"显然已经不是量词，"混个公分"绝不是只混一分。

张纯鉴（1964）、吕叔湘（1980）、刘学敏（1983）、王志武（1999）、李宇明（1988）、李炜（1992）对"V 个 N"结构的特殊性作了一定的分析，但"V 个 N"结构的语义分化及内部分类、结构语法意义及结构内部不同意义之间的联系纽带等问题都有待进一步研究。

本章拟从认知中的"量"这一语义角度入手分析和解释"V 个 N"的语义分化现象及其内部存在的联系。

3.2 "V 个 N"结构的语义分化

我们结合前人研究情况，在全面考察分析语料之后认为：根据其中"个"的性质和功能的不同，"V 个 N"结构大体可分为 V 个_{名量}N、V 个_{特殊动量}N 和 V 个_{价值小量}N 三类。

3.2.1　V个_{名量}N 类

（3）他<u>送了个笔记本</u>给我。

例（3）"送了个笔记本"中的"个"为普通名量词，作用在于使抽象的、无指的"笔记本"个体化为具体的、有指的"某一个笔记本"，"个"前数词可根据语义需要自由更换：

（3）′他送了一/两/三/四……个笔记本给我。

"送了个笔记本"为普通"V个N"结构，我们记为 S_1——V个_{名量}N，个_{名量}简称为个₁。例（1）中"吃了一个苹果"即为此类。类似这样的"V个N"还有：

S_1：买个球　　写个报告　　挖个洞

3.2.2　V个_{特殊动量}N 类

（4）他向祖母和母亲<u>鞠了一个躬</u>，带着行李走了。

例（4）"鞠一个躬"中的"个"已经脱离了一般名量词的用法，"个"显然不修饰"躬"，因为没有"一个躬"的说法，"个"的作用对象为整个动宾结构"鞠躬"，"鞠一个躬"的意思实际上是指一个鞠躬的动作，"个"的使用在于使"鞠躬"这一抽象活动（activity）个体化为具体的事件（event）①。

例（4）中"个"前数词也可根据语义需要自由更换，如：

（4）′他向祖母和母亲鞠了一/两/三/四……个躬，带着行李走了。

与例（3）不同，"鞠个躬"中"个"前数词的量化对象为"鞠躬"

---

① 沈家煊（1995）把有内在终止点的有界动作称作"事件"（event），把没有内在终止点的无界动作称作"活动"（activity），本书采用这一定义。

这一具体事件。

例（3）和例（4）中的"个"都有个体化功能，但从例（3）到例（4）"V 个 N"中"个"的作用对象从 N 转移到了 VN，"个"的功能从个体化抽象事物转化为个体化抽象活动，"个"的性质也从名量词转化为动量词①。

"个"字的这一特殊用法在吕叔湘的《汉语语法论文集》中也有部分描述：

> 个字的用法的另一方向的扩展是离开名物而接近动作②。……有很多用（一）个的句子，表面上（一）个是属于一个名词，但是实际上它的作用在于表示动量……

我们把特殊动量词"个"形成的"V 个 N"记为 S_2——V 个$_{特殊动量}$N，个$_{特殊动量}$简称为个$_2$。

S_2 中"个$_2$"为动量词，功能在于将抽象的活动个体化为具体的一个事件，"个$_2$"有表达"一个"具体事件的意义，但它与一般动量词如"次"还存在着较大的差别，其中一个最突出的表现就是，除了少数几个"V 个 N"形式（如"鞠个躬"）中"个"前能加数词外③，大部分 S_2 都没有对应的"V + 数 + 个 + N"的形式，但有"V + 数 + 次 + N"形式，如：

（5）刷个牙　　＊刷三个牙　　刷三次牙
（6）洗个手　　＊洗三个手　　洗三次手
（7）点个头　　＊点三个头　　点三次头

"次"相对于"个"来说，是一个客观的计量方式和手段，而大部分"V（一）个 N"（S_2）结构中数词"一"的数量意义已有虚化倾向，在结构中不能与其他数词互换，计量功能减弱，可以说"个$_2$"在 S_2 中表达具

---

① 邵敬敏教授认为此处的"个"给整个事件、行为做计量，是仿造名量词形成的具有类推形式的特殊事件量词，并非特殊动量词。我们认为特殊事件量词与特殊动量词本质相同，都以有界化抽象活动为具体事件。

② 从实体成分前头扩展到不能认为是实体成分的词语前头，为"个"字用法的一个扩展方向。

③ 如：打个电话、磕个头、敬个礼、鞠个躬、洗个澡、拐个弯、摔个跟头、打个喷嚏、打个哈欠等，我们暂时还未找出这方面的规律。

体动作数量的功能已大为减弱,"个₂"是一个特殊动量词。

　　与"V(一)次N"纯粹客观的计量功能不同,"V(一)个N"结构表达的动作行为大多具有轻松随意的意味,同样的VN组成的S₂和"V一次N"在理性意义上虽然都表达了进行一个动作的意思①,但在语用上二者仍然存在着差别,试比较:

　　(8)我很想同您见一次面。(翻译作品\文学\复活.txt)
　　(9)我想和你见个面。

　　例(8)中"见一次面"比较适合于较正式的场合,而例(9)中"见个面"相比较而言显得更加随意、轻松,关系亲近的朋友、熟人之间倾向于使用"见个面"而不会使用"见次面"这样的形式。

　　"个"是个口语性强的词,李炜(1992)指出"V个₂N"排斥本身就带较为正式、严肃、文气、庄重色彩的词语,因此下列说法都不成立:

　　*哭个灵　*开个庭　*慰个劳　*告个辞　*送个终　*入个伍
　*修个行　*革个职　*告个假　*抱个怨

　　口语中使用的S₂大都带有轻松、随意的意思,如:

　　(10)我刚才去照相馆照了个相。
　　(11)他想去洗发店理个发。

　　类似的S₂结构还有:

　　打个电话　打个哈欠　敬个礼　鞠个躬　伸个懒腰　道个歉　刷个牙
　查个血　洗个手　吃个饭　逛个街　报个到　问个好　起个草　放个风
　解个闷　做个媒

---

　　①　一次动作一般也是"一个"动作发生"一次"。

3.2.3　V 个 $_{价值小量}$ N 类

（12）他的工作就是陪领导<u>喝个茶</u>、<u>吃个饭</u>什么的。

例（12）中"个"既不是指具体的事物"一个茶""一个饭"，也不是指具体的一个"吃饭""喝茶"这样的事件，而是表达说话人对"吃饭""喝茶"这样的事的主观评价，在说话人看来"陪领导吃饭、喝茶"这样的工作非常简单、轻松。我们把这种主观评价 VN 所代表的事情的"个"记为"个 $_{价值小量}$"，简写为个$_3$，相应的"V 个 $_{价值小量}$ N"记为 S_3。

类似的 S_3 结构还有：

（13）祝无双：喔哟，<u>摔个碗</u>算什么啦？（《武林外传》）
（14）<u>道个歉</u>有什么难的。

有意思的是，换个语境，S_3 就有可能变为 S_1 或 S_2，如：

（13）′你又摔（破）了个碗。（S_1）
（14）′你去跟他道个歉。（S_2）

S_3 的出现对语境有着较强的依赖性，如例（13）、例（14）中 S_3 都出现在主语位置，且谓语部分都带有事情微小、无足轻重、容易做到等主观评价意义。这是否说明 S_3 的评价意义功能是语境临时赋予的？我们的答案是否定的，我们认为 S_3 已经固定具有主观评价功能，这一功能恰好与带有主观评价意义的语境相匹配，这里有三点理由：

第一，S_3 并不一定出现在表达主观评价的语境中，如：

（15）让哥哥留下来照顾父母，好帮父母<u>买个煤</u>什么的。（刘杨《外婆》）

例（15）中"买个煤"出现的语境并没有主观评价意义，但该结构中的"个"却包含说话人对"买煤"的主观评价，即"买煤"是一种日常生活小事。

另外，S_3 常出现在惯常性语境中，与"常常、总、时时、不时、整天、成天"等表惯常性的副词和时间词共现，如：

(16) 过去他给孙家当佃户时，每到秋季，常到东家来送个瓜枣，有时还帮东家扬场。（刘震云《故乡天下黄花》）

(17) 1957 年前，他的工资还是很高的，不时下个馆子。（报刊精选 \ 1994 \ 06. txt）

这些惯常性语境本身也不表达主观评价意义，这说明 S_3 中"个$_3$"本身已经具有了主观评价的表达功能。

第二，即便是在有主观评价意义的语境中，"V 个 N"结构也不一定是 S_3，试比较：

(18) 他在家里连喝个酒都要被骂。

(19) 地毯有一寸厚，摔个杯子也不会有声。（权延赤《红墙内外》）

上两例中"V 个 N"结构都用在有主观评价意义的句子中，但两例中的"个"的功能却并不相同，例（18）中"喝个酒"为 S_3，"个"包含了说话人的主观评价，说话人认为"喝酒"是件无足轻重的小事，并没到被骂的地步，而例（19）中"摔个杯子"为 S_1，其中的"个"为普通名量词，整个句子也并不是评价"摔杯子"是大事还是小事。

第三，S_3 也常出现在表达事情难于实现的评价意义的语境中，如：

(20)（丈夫对妻子说）你出个门怎么这么难？

试比较：

(20)′你出门怎么这么难。

例（20）整个句子在于表达妻子出门难这样的客观事实，而说话人主观上认为"出门"是件容易做到的小事，所以使用了"个$_3$"这一主观评价标记。丈夫认为容易实现的事在妻子身上反而不容易实现，这就造成了一种预期和反预期的特殊表达效果。

以上说明 S_3 本身已经固定有表达事情微小、轻松、容易做到、无足轻重等评价意义，所以它常出现在具有类似评价意义的语境中。

从以上分析可以看出，"V 个 N" 结构可分为以下三种类型：

S_1：V 个_{名量}N　买个球　写个报告　挖个洞　送个笔记本
S_2：V 个_{特殊动量}N　打个电话　打个哈欠　敬个礼　鞠个躬　伸个懒腰
S_3：V 个_{价值小量}N　<u>摔个碗</u>算什么啦？

3.3　"V 个 N" 结构语义分化的形式区分

意义之间的差别常常可以通过形式上的差别体现出来，我们将现代汉语中的 "V 个 N" 结构分成 S_1、S_2、S_3 有什么形式上的判断标准？

3.3.1　S_1 和 S_2 的区分

从结构内部来看，S_1 与 S_2 表层结构类似，但深层结构却有着很大的不同，我们可以通过加探针（probe）或者变换扩展的办法来加以鉴别。

S_1：吃个苹果　写个报告　挖个洞　送个笔记本

S_2：

　　S_{21}：打个电话　打个哈欠　敬个礼　鞠个躬　伸个懒腰
　　S_{22}：道个歉　吃个饭　查个血　逛个街　刷个牙

规则一："个" 前能否自由增添数词？
S_1 一般能加，如：

吃两个苹果　写两个报告　挖两个洞　送两个笔记本

根据能否加任意数量词，S_2 可分为两组：S_{21} 可以，S_{22} 不行。

S_{21}：打两个电话　打三个哈欠　敬三个礼　鞠四个躬　伸两个懒腰
S_{22}：*道两个歉　*吃两个饭　*查三个血　*逛三个街　*刷三个牙

我们用这条标准区分出 S_{22}。

规则二：能否用"这是数+N"格式变换？

S_1可变换：

这是一个苹果

这是一个（调查）报告

这是一个（大）洞

这是一个（IBM）笔记本

S_2不可以变换：

＊这是一个歉

＊这是一个饭

＊这是一个血

＊这是一个街

？这是一个牙（"刷牙"中的"牙"非一个"牙"）

规则三：能否用"N+V了+一个"格式变换？

S_1能自由地作这种变换：

苹果吃了一个

报告写了一个

洞挖了一个

笔记本送了一个

S_2不能自由地变换或者不能变换：

？电话打了一个

＊哈欠打了一个

＊躬鞠了一个

＊饭吃了一个

＊街逛了一个

＊牙刷了一个

3.3.2　S_1/S_2 和 S_3 的区分

3.3.2.1　S_1 和 S_3 的区分

S_1 和 S_3 的区分比较简单，我们可以通过加数词来加以区分，S_1 中 "个" 前大多可以自由更换数词，如例（3），而 S_3 中 "个" 前不可以，如果加上数量词，就有可能变成 S_1，如例（21）：

（21）你洗个碗洗这么久。

例（21）中的 "个" 可以是一个碗，也可以是很多个碗，但说话人的重点不是强调一个碗或者几个碗，而是评价 "洗碗" 这件事简单易做，不需花太长时间，如果说话人强调的是 "一个"，则数词 "一" 必须出现，且 "一个" 需重读，变成：

（21）′你洗一个碗洗这么久。

例（21）′与 "洗三/四/五个碗洗这么久" 有数量上的类推关系，"洗一个碗" 变为 S_1。

3.3.2.2　S_2 和 S_3 的区分

S_2 和 S_3 中 "个" 都不是名量词，二者即为李宇明、李炜所说的 "V 个₂N"，S_2 和 S_3 存在相似之处，二者 "个" 的辖域①都为 VN，而非 N。但 S_2 和 S_3 本身还存在着不小的差距。具体表现在：

第一，S_2 中 "个" 为特殊动量词，某些 S_2 如我们前文中提到的 S_{21} 中 "个" 前数词可根据语义需要自由更换，我们可以说：

（22）鞠三个躬　打三个电话　磕四个头　打五个哈欠

而 S_3 中 "个" 前不能自由出现数词，我们来看：

（23）你给他磕100个头。（S_2）
回答一：不就是磕个头嘛，又不是上刀山下火海，磕就磕。（S_3）

---

① 李宇明认为 "个₂" 的辖域是整个动宾结构，我们采用这一说法。

回答二：不就是磕100个头嘛，又不是上刀山下火海，磕就磕。（S₂）

回答一能成立，说明"磕个头"中的"个"不表示具体事件的量，而是表示主观评价，如果"个"前出现数词100，如回答二，"个"就变成了"个₂"，表示具体事件的量。

第二，S₂中"个₂"为特殊动量词，常与其他一般动量词同现，如：

（24）她深知如果草率从事，表错一个态，拍歪一次板，都会给党的事业造成不应有的损失。（人民日报\1993\R93_08.txt）

（25）今天我破回例，走个后门：这位大爷想吃包子，年岁大了，能让他快点吃上吗？（人民日报\1994\94Rmrb2.txt）

有时动量词还对应地出现在"V个N"结构前面，如：

（26）过了良久，才放下重剑，去取第三柄剑，这一次又上了个当。（金庸《神雕侠侣》）

（27）孔太平回屋再次冲了一个澡，然后也搬了一只竹床到院子中间。（刘醒龙《分享艰难》）

而S₃较少与动量词同现。

另外，S₂中"个₂"与动量词互换理性意义不变，都是表示一次具体的事件，只是前者附加上了轻松、随意等意义，如：

（28）我刚才和他吃了个饭。（S₂）
（28）′我刚才和他吃了顿饭。

S₃有时可以与一般动量词互换，但意义上存在着根本性的差别，如：

（29）吃个饭有什么了不起的。（S₃）
（29）′吃顿饭有什么了不起。

例（29）中"个"不是凸显一次具体事件，而是表示说话人对VN这件事情的主观评价，而例（29）′中"吃顿饭"是指一次具体事件，我们可以通过下面这组不对称现象看出二者的差别：

（30）A：我每天都和领导一起吃饭。
　　　B：吃个饭有什么了不起的。
　　　　*吃顿饭有什么了不起的。

A 表达的不是一次具体事件，所以可以用表达评价事情意义的 "吃个饭"（S_3），而不能用表示具体事件的 "吃顿饭" 来回答。

第三，S_2 表达一个具体的事件，而 S_3 不与具体事件相联系，因此，S_2 中 "个" 前可加 "了"，S_3 不可。

（31）我去跟他握个手。（S_2）
　　　我去跟他握了个手。
（32）道个歉有什么了不起的。（S_3）
　　　*道了个歉有什么了不起的。

例（32）中 "道个歉" 为话题成分，具有非事件性，"个" 前不能加 "了"。

第四，S_2 前面可出现修饰性成分 ［如例（33）］，而 S_3 一般不可以。

（33）"祁先生，" 他鞠了个短，硬，而十分恭敬的躬。（老舍《四世同堂》）
（34）鞠个躬有什么难的。
　　　*鞠个短，硬，而十分恭敬的躬有什么难的。

另外，我们在前文中提到 S_3 对语境有着较强的依赖性，S_3 常和表达主观评价义的语境匹配出现，这些语境在某种程度上也能帮助我们鉴别 S_2 和 S_3。

3.3.3　二分法与三分法

李宇明、李炜所说的 "个2" 大致相当于我们的 "个2" + "个3"，由于 "个2" "个3" 在非名量词这一点是相通的，而且管辖和约束的对象都不是 N 而是整个 VN，因此前人在分析 "V 个 N" 结构时常把二者看作一种形式。我们认为二分说忽略了 "个2" 和 "个3" 的区分，分类不够科学。我们坚持三分，将事件单位词 "个2" 单独从非量词这一大类中区分出来，是出于以下两个方面的考虑：

第一，"个$_2$"与"个$_3$"性质不同，前者是特殊动量词，后者是事类主观评价标记。

第二，"个$_2$"的性质意义在整个"V 个 N"结构中地位非常重要，在单位词的属性上与"个$_1$"有相似之处，在管辖和约束对象为 VN 且带有主观评价作用这一特征上与"个$_3$"相一致，"个$_2$"可以看作"个$_1$"和"个$_3$"的中间形式。

3.4   "V 个 N"结构不同语义之间的内部联系

我们认为"V 个 N"结构所表达的语法意义都与认知中的"量"的观念密切相关，只是三者在表现方式上存在着差别。

3.4.1 S_1——显性量表达结构

S_1 中"个$_1$"为普通名量词，"V 个 N"中"个"表达具体的数量，为"一个"，是显性量表达形式。

3.4.2 S_2——显性量表达到隐性量表达的过渡形式

S_2 中"个$_2$"为特殊动量词，与一般动量词相比，"个$_2$"常用来表达动作行为随意（非正式）、轻松、容易做到等意义，而人们对动作的正式和庄重程度的认知、对动作实施难易度的认知本质上都是对动作的"量"的认知。

在我们的认知世界里，一个正式的动作行为比一个随意的动作行为分量重，要求高，需要实施者更加重视，从这个角度上来看，正式的动作行为的量比非正式的动作行为的量要大；与简单易做的动作行为相比，一个难以做到的动作行为要求实施者投入更多的时间、付出更多的经历、创造更多的条件才能达成。因此，一个难以做到的动作行为的量比简单轻松的动作行为的量大。S_2 整体上有把动作行为的量往小里说的意味。

动作行为次数、持续时间等动作量的表现形式相对而言比较具体、直观，而动作行为的庄重程度、难易程度等动作量的表现形式相对而言更为抽象、隐蔽。"V 一次 N"是动作量的显性表达形式，S_2 所表达的动作量一般不能通过具体的数值来进行计量，是一种动作量的隐性表达形式。

S_2 中"个"前仍然可有数词"一"存在，且 S_{21} 中"个"前数词可自由更换，表达具体的动作个数的意义，这与显性量表达式"V 一次 N"类似，而大部分 S_2 中 "个" 又具备动作小量的表达功能，这又是 "V 一次 N" 所不具备的功能，S_2 可以看成 "V 个 N" 结构从显性量到隐性量的过渡形式。

3.4.3 S_3——表达价值小量的隐性量结构

S_3 中 "个$_3$" 既不指一个具体的事物，也不指一个具体的事件，而是对 VN 所代表的事情进行主观评价，即表示说话人认为事情简单、轻松、微小、无足轻重等意义。杉村博文（2008）指出当量词 "个" 出现在述宾短语中时可以具有 "贬值" 功能，把动作行为的价值往低里说、往小里说。"个" 的这种贬值功能也就是我们所指的 "个$_3$"。

S_3 中 "个$_3$" 是评价动作行为价值高低、大小的标记词，从 "个$_1$" 到 "个$_3$"，"个" 的功能从表达动作行为相关的 "数量" 转移到评价动作行为的 "质量"。"数量" 和 "质量" 都与 "量" 的概念直接相关，二者可以说是 "量" 的不同表现方式。

我们在认知周围客观世界时，对客观事物的量的认知大都包含了 "数量" 和 "质量" 两方面的内容，前者的量是具体的、显性的，而后者的量是抽象的、隐性的。说到某个事物，我们会关注这个事物的数量有多少，还会关注这个事物的质量怎么样，是高档、中档还是低档等。如果我们比较两个不同的人，我们会比较二者的高矮、胖瘦等，这些都可以通过测量得出具体的数值，可直接比较大小，这就是显性的、具体的 "数量"；除此之外，我们还可能对两个人的人品作比较，与高矮、胖瘦不同，人品不能用精确的数值计算，但我们可以用 "好" 与 "坏" 来评价，这种评价本质上也是一种量的评价，这种量是一种抽象的、主观的量，不同的人对同一个人的人品往往会有不同的评价。

S_3 从本质上来看，是一个对 VN 的 "质" 即价值进行评价的隐性量结构，说话人认为 VN 的价值小，"个$_3$" 就是这种价值小量的主观评价标记。

需要说明的是，这里的 "价值" 是一个抽象的、复杂的量的概念，是指对动作行为的抽象的量的评价和考量结果，如大小、好坏、人们重视与否、是否有严重后果等都属于动作行为的价值，与一般的 "价值" 表示用途和积极作用这一概念并不相同。

不表量的 "V 个 N" 结构所表达的 "轻快" "随便" "时间短" "无足轻重" "轻视" "贬值" 等语法意义都是隐性量的具体体现，从这个角度来看，不表量的 "V 个 N" 结构也表达量，表达的是一种广义的、认知的 "量"，表现为隐性量。

我们再来比较一下 S_1、S_2、S_3 中"个"的功能：

A. 我吃了一个苹果。（S_1）
B. 我和他一起吃了个饭。（S_2）
C. 吃个苹果有什么了不起的。（S_3）
　　吃个饭有什么了不起的。（S_3）

A 句中"个"是个普通名量词，和数词组成数量短语之后表明"苹果"的数量为"一个"；B 句中"个"是个特殊的动量词，个体化抽象的活动使之成为"一个"具体的事件，该事件的数量信息"一"是默认的信息，而且与别的数词没有量上的递归性和类推性，"一个"转而有了一定的帮助表达动作量小的功能；C 句中"个"既不是量词个体化抽象事物使之成为具体的"一个"，也不是特殊动量词个体化抽象的动作为使之成具体的"一个"事件，而是对 VN，即"吃苹果""吃饭"这样的事情，作价值高低、大小的评价。

从 S_1 到 S_3，结构中具体的数量意义越来越弱，抽象的价值意义越来越强，S_1 与 S_3 中的"个"都与"量"的观念密切相关，前者关注具体的数量，后者关注动作行为的抽象属性；前者表明事物或动作数量的多少，后者关注动作行为价值的大小；前者是一种具体的、显性的量，后者是一种抽象的、隐性的量；前者的量相对客观，后者的量相对主观。

3.5　小　结

（1）根据"V 个 N"结构中"个"的不同性质和功能可将"V 个 N"结构细分为三类：V 个$_{名量}$ N（S_1）、V 个$_{特殊动量}$ N（S_2）和 V 个$_{价值小量}$ N（S_3）[①]，其中的"个"分别为"个$_1$""个$_2$""个$_3$"，"个$_1$"为普通名量词，"个$_2$"为特殊动量词，"个$_3$"为隐性量——价值小量的主观评价标记，如表 3 - 1 所示。

---

① 因 S_2、S_3 表达隐性量意义的特殊性，在接下来的行文中，我们把 S_1 看作普通的结构，而将 S_2、S_3 称为构式。

表3-1 "V个N"结构中"个"的性质与功能

	S_1	S_2	S_3
"个"的性质	名量词	特殊动量词	价值小量标记
"个"的功能	有界化抽象事物	有界化抽象活动+动作小量评价	价值小量的主观评价

（2）"V个N"结构内部的三种意义类型都与"量"的概念密切相关，S_1为显性量表达结构，S_3为隐性量表达构式，而S_2是显性量到隐性量的过渡形式，更具体地说，V个$_{21}$N倾向于表达显性量，V个$_{22}$N倾向于表达隐性量，如图3-1所示：

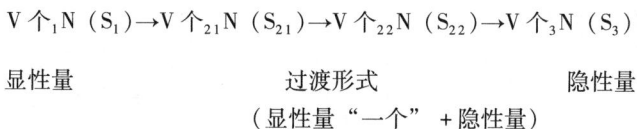

$$V个_1N（S_1）\rightarrow V个_{21}N（S_{21}）\rightarrow V个_{22}N（S_{22}）\rightarrow V个_3N（S_3）$$

显性量　　　　　　　　　过渡形式　　　　　　　隐性量

（显性量"一个" + 隐性量）

图3-1 "V个N"结构表"量"示意图

（3）"个"在"V个N"结构中的意义错综复杂，从认知中"量"的角度来分析和考察"V个N"结构，一方面能从根本上把握"V个N"结构的本质意义，前人所说的"V个N"结构的"轻巧""随便""无所谓""轻视""贬值"等语法意义都是"隐性量"在具体语境中的具体体现，另一方面能对"V个N"结构内部的认知语义联系作出集中统一的解释，"V个N"结构内部各语义类型都与"量"的概念密切相关，只是表达内容和表现方式上体现为显性量和隐性量的区别，该结构内部存在着从显性量到隐性量的发展演变过程。

（4）"V个N"结构内部存在的从显性量到隐性量的发展演变实质上是一种语法化和主观化，"V个N"结构从S_1到S_3是一个从显性表量到隐性表量的过程，也是一个逐步语法化和主观化的过程。"个"的语法意义越来越虚，离"个"个体量词的用法越来越远，主观性越来越强，"V个N"结构的主观化程度越来越高。"V个N"结构中"个"前数词"一"的意义由实到虚，"V个N"结构的表量意义也从显性形式语法化为隐性形式。

（5）汉语中语法结构从显性量语法化为隐性量是一个普遍现象，如"V一下""V一V"形式也都存在着类似的发展演变模式，这两种结构形式的语法化研究已经取得了不少研究成果。本章只是从共时层面探讨了"V 个 N"结构内部的语义分化现象,该结构内部几种不同语义类型之间到底经历了一个怎样的历时变化,以及从显性量语法化为隐性量的具体过程都有待从历时研究中寻求答案。

4 "V个N" 构式（S₂）的隐性量表达（一）——特殊动量

本章研究 "V个N" 结构中的第二种结构类型 S₂。如：

（1）你去跟他请个假。

S₂ 中的 "个" 为特殊动量词，将 VN 所表达的动作行为有界化为具体的事件，并对事件具有小量评价功能。我们在前言中提到 "V个N" 存在不同的语义理解，如 "洗个苹果" "买个球" "传个球" "刷个牙" 等表达的意义不尽相同，那 VN 在什么样的情况下会形成 S₂？S₂ 形成的动因和机制是什么？本章将要解决这些问题。

4.1 S₂ 的形成条件——与 S₁ 比较

我们在前文中提出 S₂ 中 "个" 的功能在于有界化 VN 所代表的抽象活动使之转化为具体的事件，这不同于 S₁ 中 "个" 为个体量词，功能在于个体化事物名词 N，二者在形式上同样是 "V个N" 结构，为什么 "个" 的功能却存在着差异？在解决这个问题之前我们需要仔细甄别什么样的 "V个N" 结构能理解为 S₂，也就是 S₂ 与 S₁ 中的 VN 到底有什么区别。

李宇明（1988）将动宾结构中的 "个" 分为量词和非量词两种形式，非量词的 "个" 形成的动宾结构为有条件的动宾结构，但他并未对这类有条件的动宾结构作具体深入的分析，这一小节我们将探讨在什么样的条件下 "V个N" 结构是 S₂。通过研究发现，S₂ 中的 VN 与 S₁ 中的 VN 相比，有着明显的特殊之处，具体来看，主要有以下几种类型：

4.1.1　VN 为离合词

4.1.1.1　离合词中插入"个"的现象

离合词是汉语中一种特殊的语法现象。所谓"离合词"是"意义上具有整体性、单一性，但结构上有时可以分开或扩展的语素的组合……这类词合则为一，离则为二，即合着的时候是一个词，分开的时候是一个短语"（张涤华、胡裕树，1988），如：

洗澡、见面、睡觉、打仗、结婚、道歉、帮忙、作主、留神、散步、叹气、担心、毕业

从"离合词"这个名字来看，它首先还是一个词，它有着一般词的属性。

首先，离合词句法上常独立使用，如"革命、跳舞、洗澡、鞠躬"等这一类离合动词在句法上经常作一个成分，如："我洗澡了"，这句话中"洗澡"作谓语而不是"洗"作谓语，"澡"作宾语（张寿康，1957）。

其次，离合词意义上趋于凝固，它一般应具有统一的、专门的词义，一般无法分割（吴道勤、李忠初，2001），整个结构的意义不等于内部成分的简单相加，正如吕叔湘先生（1979）所说，从词汇角度看，"睡觉""打仗"等可以算作一个词，这些组合只有单一的意义，很难把这个意义分割开来交给这个组合的成分（吕叔湘，1979）。

但离合词又不同于一般的词，离合词的内部结构可以作适度扩展，王海峰（2008）对 207 个离合词（码化为 AB）的离析形式进行了细致的整理归纳，共得出离合词的 13 种离析形式（如下所示），其中第 9 种离析形式就是我们讨论的"V 个 N"结构中的一种。

A. A＋了（＋其他形式）＋B　　　　　帮了忙

B. A＋补语＋B　　　　　　　　　　帮完忙

C. A＋名词/代词（的）＋B　　　　　帮老师忙

D. A＋数量词＋B　　　　　　　　　帮回忙

E. A＋过（＋其他形式）＋B　　　　帮过忙

F. 前置 B＋A　　　　　　　　　　　忙帮了

G. A＋着（＋其他形式）＋B　　　　帮着忙

H. A＋的＋B　　　　　　　　　　　帮的忙

I. A + 个 + B	帮个忙
J. A + 形容词 +（的）+ B	帮大忙
K. A 重叠 + B	帮帮忙
L. A + 数词 + B	见两面
M. A + 动词性成分（+ 的）+ B	吃管闲事的亏

　　汉语中的离合词绝大部分是述宾式，根据施茂枝（1999）的统计，95.09% 的离合词是述宾式。这样汉语中出现了大量的述宾式离合词中插入"个"形成 S₂ 的现象。下面例句中的画线部分都是动宾式离合词插入"个"形成的 S₂ 结构：

　　（2）我先走了，赶紧跟老邓<u>通个气</u>！（电影《冬至》）

　　（3）迁都是大事，到底是凶是吉，还是<u>卜个卦</u>吧。（应用文/中华上下五千年 . txt）

　　（4）来，给大妈称两斤，给你<u>开个张</u>。（市场报 1994A. txt）

　　（5）听说路上很不好走，想跟你相跟上<u>沾个光</u>，可以不可以？（赵树理《李家庄的变迁》）

　　（6）住在军队大院，一年到头，大家难得偷闲相互<u>串个门儿</u>。（人民日报 \ 1993 \ R93_02. txt）

　　（7）如果发生"8 分钱邮票"扰人的事，领导上主持公道<u>作个主</u>。（人民日报 \ 1993 \ R93_ 04. txt）

　　（8）您站在这儿，到底也给我<u>助个威</u>，引来些别的主顾。（靳以《一人班》）

　　（9）走在这儿，我可实在撑不住了，想进来<u>取个暖</u>。（老舍《骆驼祥子》）

　　上述例中的"V个N"形式都为 S₂，"个"不再是个体量词，从形式上来看，"V个N"中 N 大多不能受"个"修饰，如：

　　（10）＊一个气/张/光/主/威/暖

　　"个"在结构中的作用是将 VN 所代表的抽象活动有界化为具体的一个事件。例（2）中"通气"只是一个抽象活动，但插入"个"以后表达一个具体的"通气"的事件；例（3）也表示要进行一个具体的"卜卦"行为，而光杆形式"卜卦"只是表示要做"卜卦"这样的事，试比较：

(3)′迁都是大事，到底是凶是吉，还是<u>卜卦</u>吧。

余例皆可类推。

离合词中插入"个"后形成的 S₂ 还有：

道个谢、道个歉、洗个澡、讲个和（结束战争或纠纷，彼此和解①）、拐个弯、签个字、签个名、签个到、化个妆、化个装、带个路、带个头、带个好、表个态、显个灵（迷信的人指神鬼现出形象，发出声响或使人感到威力）、通个信、拜个寿、回个话、回个信、告个别、上个当、赔个笑、赔个罪、赔个情、赔个礼、献个丑、加个班、加个餐、服个软、绕个弯、遛个弯、请个安、救个火、救个急、赏个脸、报个到、偷个懒、吭个声、借个火（吸烟时向别人借用引火的东西或利用别人点燃的烟来引火）、说个话、谈个话、赶个集、划个火、打个火、串个门、递个话、鞠个躬、透个底（透露底细）、透个气、赏个光（客套话，用于请对方接受自己的邀请）、辞个行、起个草、认个错、求个情、偷个闲、碰个壁、撒个谎、作个揖、拍个照、讨个好、碰个面、讲个情、点个火（引着火，使燃料开始燃烧）、跳个高（田径运动项目之一）、开个头、传个话、搭个话、摆个渡、照个面、告个罪、放个风（透露或散布消息）、请个客、冒个险、发个财、算个命、翻个案、报个账、破个例、告个状、敬个礼、碰个头、发个狠、接个吻、还个礼、结个缘、录个像、录个音、开个价、发个言、挂个号、请个假、留个影、记个账、吃个亏、透个风、帮个场、出个面、冲个凉、领个先、过个瘾、照个相、摔个跤、跌个跤、冒个尖、算个账、认个脸、拜个年、过个年、做个主、捎个信、凑个数、凑个趣、烧个香、聚个餐、敬个酒、解个闷、剪个彩、加个油、干个杯、改个口、兜个风、拔个河、拌个嘴、比个武、吵个架、成个亲、搭个班、搭个伴、打个岔、搭个茬、搭个伙、打个架、打个仗、斗个气、合个影、见个面、讲个和、讲个价、接个轨、结个仇、结个缘、结个怨、拉个钩、聊个天、碰个杯、抬个杠、交个火、保个密、摆个谱、报个案、报个警、标个价、扯个谎、闯个祸、惹个祸、打个赌、搭个腔、赌个气、贷个款、发个誓、起个誓、分个忧、鼓个掌、喝个彩、还个愿、交个底、剪个彩、接个生、配个音、捧

---

①　括号中注释为《现代汉语词典》（第 5 版）中的解释，后例类同。

个场、曝个光、评个级、评个理、请个假、请个愿、劝个架、让个步、造个谣、撒个娇、撒个气、使个坏、施个肥、输个氧、诉个苦、算个卦、讨个好、讨个债、讨个账、提个亲、添个乱、卖个乖、相个面、行个礼、争个气、整个容、助个威、做个媒、守个灵、磕个头、摊个牌、乘个凉、定个型、发个榜、挂个彩、灌个浆、过个瘾、兼个职、救个急、临个帖、领个情、留个级、露个面、拍个板、清个场、扯个淡、借个光（分沾他人的利益、好处；沾光）、跑个腿（为人奔走做杂事）、点个头、握个手、伸个懒腰、伸个手、亲个嘴、磕个头、叩个头、洗个头、摇个头、低个头、帮个手

我们对杨庆蕙《现代汉语离合词词典》中的离合词进行了考察，发现不能插入"个"的离合词主要有以下几种：

（1）表示的动作行为本身具有长时持续性，如"打鼾"，这个动作行为一般都是能持续一段时间并且动作本身内部不适合作内部分割。

（2）表示心理活动或情感情绪的离合词：吃惊、担心、放心、爱国、爱美、害臊、害羞。

（3）状态描写性强、动作性弱的离合词：碍事、背理、贬值、变心。

（4）表动作行为方式而非动作本身：拔腿、迈步。

（5）较正式、具有庄重色彩的离合词：备荒、建交、闭幕、过世。

"个"的使用有极大的扩展空间，某些没有明显离合倾向的词也因为"V 个 N"结构强大的类推动力获得了插入"个"的能力。

某些按动宾方式组成的词一般情况下并没有离合词所具有的丰富的离析形式，却能在其中插入"个"，如：

（11）笔者心存杞忧，抢先建个议：多说些养狗之弊，好不好？（人民日报＼1994＼94Rmrb1. txt）

（12）我提个议：双方考虑考虑怎样？（周而复《上海的早晨》）

（13）常先生，我老汉再跟你领个教：牺盟会是不是共产党啦？（赵树理《李家庄的变迁》）

（14）他取个笑说：……（梁斌《红旗谱》）

"建议""提议""领教""取笑"并不是离合词，却临时具备了"V 个 N"这样的扩展形式。离合词的一般离析形式都不适用于这几个动词：

插入动态助词：＊建了议　　＊提着议　　＊领过教
插入专用动量词：＊建一次议　　＊领过一回教　　＊取一次笑

不仅某些按动宾方式构词的非离合词能插入"个"获得相应的扩展形式，某些不按动宾方式构词的动词也能插入"个"，如偏正结构"小便""汇报"，并列结构"拥护""优惠"，动补结构"照亮""保险"等。例如：

（15）白桦闪了闪眼睛，稳稳当当地坐下来吃完五根后，他对摊主说，我小个便再来吃。（罗君、张浩音、周忱《不怕"触电"的作家》）

（16）应该把今天的事从起到落向党委汇个报。（楚良《抢劫即将发生》）

（17）我也拥个护。（周而复《上海的早晨》）

（18）你先登个记，我给你打个折、优个惠。（书店服务员所说的话）

（19）你给我照个亮，我写封信，以后你交给那边，最好是交给李铁。（雪克《战斗的青春》）

（20）谁能为保险公司保个险？（毛冬梅《谁能为保险公司保个险》）

这些动宾式、偏正式、并列式、动补式合成词插入"个"后所形成的结构可以看作"V个N"结构的进一步语法化形式。这些语法化形式的产生的机制是"扩展"（extension）（Harris & Campbell，1995）①。"扩展"是指一个结构形式在不直接改变底层结构的情况下表层表达式发生了变化，扩展的本质特征是通过去除规则的条件而将某种新生的演变推广到更大的语境范围。

"建个议""小个便""优个惠"等都是"V个N"结构的扩展形式，本来不能插入"个"的"建议""小便""优惠"等非动宾结构式在"V个N"结构的强大的类推作用下也插入了"个"，形成新的语法形式"A个B"，如"建个议""小个便""优个惠"，这些"A个B"结构是"V个N"结构规则的扩展形式。

虽然"建议""拥护""小便"等非离合词形式在表层形式上与典型的离合词有着一定的区别，但这些词通过类推扩展插入"个"后形成的"A个B"结构的深层表达意义与"V个N"形式是一致的：通过插入

---

① Harris和Campbell（1995）提出的"扩展"在概念上与其他历史语言学所说的"类推"（analogy）大致相同。

"个"使无界的抽象活动有界化为具体的事件。"A 个 B"是"V 个 N"结构进一步语法化的结果，是"V 个 N"结构类推扩展产生的。

离合词插入"个"形成了 S_2 结构，该结构使用广泛、灵活，在类推作用下，使本来不能插入"个"的普通"AB"式合成词也插入"个"，形成了"A 个 B"结构，我们把它看作 S_2 的类推扩展式。S_2 和类推扩展式"A 个 B"的深层结构是一致的，该结构中的"个"都是"$个_2$"，功能在于将抽象的活动有界化为具体的事件。

4.1.1.2　离合词中插入"个"形成 S_2 的原因

离合词中插入"个"形成 S_2，"个"有界化 VN 所代表的抽象活动，从形式上来看，"个"作用的对象是整个 VN 结构，而不是 N，这与离合词的性质有密切的关系。

从插入成分与整个离合词的结构关系来看，大部分离合词中的插入成分都与整个离合词发生联系，赵金铭（1984）在讨论能扩展的"动 + 名"格式时指出：有些"动 + 名"（简称 DM 格式）格式中间所插入的成分，尽管从表面上的语法关系来看，插入成分为 N 的修饰语，实则是整个 DM 的对象，如"遵你的命""拆别人的台"等，这说明虽然离合词中间插入了相关成分，但这个成分与整个离合词发生语法关系。

王铁利（2001）证明了离合词中插入的代词或名词既不单独和 V 发生联系，也不单独和 N 发生联系，而是和离合词 VN 整体发生联系。王海峰（2008）也指出在离析结构 AXB 中，AB 仍保持语义上的相对独立性，这是离合词离析结构赖以存在的基础。既然离合词 AB 离析后原有的语义不变，那么 X 只能与 AB 整体发生联系了，如"吃了一个亏"，语义上就是"发生了一个吃亏这样的行为"①。他还比较了"吃了一个苹果"和"吃了一个亏"：

(21)　甲：吃了一个苹果　　　　乙：吃了一个亏
　　　　你吃了几个？　　　　　　*你吃了几个？
　　　　吃了一个　　　　　　　　*吃了一个

离合词扩展形式中的插入成分与整个离合词发生联系的根本原因在于离合词在意义上具有整体性和单一性的特点。离合词的意义趋于凝固，整个词的意义不是各个成分意义的简单相加，而是形成了相对稳定的单一的

---

①　建议改为"发生了一个吃亏这样的事件"。

意义。我们来看例（2）至例（9）中的离合词在词典中的释义：

【通气】①使空气流通；通风；②互通声气
【卜卦】占卜
【开张】商店等设立后开始营业
【沾光】凭借别人或某种事物而得到好处
【串门】到别人家里闲坐聊天
【作主】对某项事情负完全责任而做出决定
【助威】帮助增加声势
【取暖】利用热能使身体暖和

　　离合词可以离析扩展，但绝大多数离合词意义凝固性较强，体现出较强的整体性，即使离析扩展以后，表达的内容比较丰富，显现出来的仍然是整体的意义，我们必须把整个单位作为一个能够自由运用的最小的单位去认知。例如："通气""沾光"等由于有专指的意义，因此难于从构成它们的语素意义来理解词义，只有两个语素结合起来才能表达一个含义，这个含义不能简单地从字面理解。换句话来说，绝大多数离合词的意义并不一定是动词性语素意义和名词性语素意义的简单相加（赵嵘，2006）。
　　离合词中的 V 和 N 意义高度融合，VN 的意义也不能再做简单的拆分，N 在形式上和意义上都不具有独立性，也不具有个体化的可能性。
　　动宾式离合词中的 N 大部分都是语素成分，本身没有独立成词的可能，如"（道）歉""（留）神""（助）威""（取）暖"等，有些 N 即使单独可以成词，如名词"门"本身可以有个体量词修饰，如"一扇门""一个门"，但离合词"串门"并不是动词"串"和名词"门"意义的简单相加，而是产生了整体的专指意义："到别人家闲坐聊天"，"串门"中的"门"只用来补充表达整个词的意义，不具有独立性，也不能被个体化。"串个门"中的"个"只能与"串门"这一结构相联系。
　　从汉语史的角度来看，现代汉语中双音节的动宾组合形式在古代汉语中往往只需要一个动词来表示，正如吕叔湘（1942）所说："有一点是初学文言的应该注意的，白话里有许多动词常常带一定的止词，合起来只抵得文言的一个动词"，例如：

（22）　白　　　文
　　　　走路　　行
　　　　点头　　颔

从汉外对比的角度来看，汉语中部分动宾组合的离合词形式在别的语言中相对应的成分也是词的形式，如"走路""点头"与英语中的动词"walk""nod"对应。这从另一个角度说明现代汉语中"走路""点头"等离合词形式中的名词性成分①"路""头"在整个 VN 结构中信息量非常低，只是补充说明动作本身的意义，较少具有独立性的意义。

总的说来，离合词因为结构具有凝固性，意义具有整体性、单一性，其中的 N 不能获得独立，这使得 VN 的扩展形式"V 个 N"中的"个"失去了个体化 N 的功能，转而有界化、个体化整个 VN 结构。这些离合词中的"个"的作用都在于具体化或个体化抽象的 VN 所代表的活动，也就是把抽象的 VN 具体化为某个具体条件、场合、情况下的"某一个"事件。

4.1.2　VN 为惯用语及固定搭配

VN 式惯用语插入"个"形成的"V 个 N"结构一般都是 S₂ 而不是 S₁。

惯用语是指人们口语中短小定型的习惯用语，以三音节动宾短语为多（黄伯荣、廖序东，2002），结构上有定型性的特点。所谓结构的定型性，是指一个惯用语的构成成分及其构成方式是相对固定的。从意义上看，惯用语具有整体性，并不是它的构成成分的简单相加，在组成部分简单组合之后形成的表层具象意义之外有着更抽象、更复杂的深层意义，大多以比喻表义（北大现代汉语教研室，2003），如：

穿小鞋、开绿灯、拖后腿、炒鱿鱼、挤牙膏、踢皮球、耍花招、走过场、打游击、敲边鼓、唱双簧、戴高帽、放空炮、打棍子、吹牛皮、钻空子、挖墙脚、磨洋工、开后门、拍马屁、抓辫子、唱对台戏、吃大锅饭

【穿小鞋】比喻受人（多为有职权者）暗中刁难、约束或者限制
【开绿灯】比喻准许做某事
【拖后腿】比喻牵制、阻扰别人或事物使不得前进
【炒鱿鱼】鱿鱼一炒就卷起来，像是卷铺盖，比喻解雇
【挤牙膏】比喻说话不爽快，经别人一步一步追问，才一点一点说出

惯用语大多用具象的意义来比喻抽象的意义，表达凝练含蓄却又生动活泼，较多地使用在口语中。惯用语形式上比较固定，但在使用上却有一定的自由度或灵活性。这种自由度和灵活性，主要表现在以动宾关系为组

---

① VN 形式的离合词中的 N 出于研究的需要，我们统一称为名词性成分。

合方式的惯用语上（陈光磊，1994）。

动宾关系的惯用语可以作一定的扩展，如：

开夜车—开了整整一个月的夜车

动宾之间可以前后移位，如：

吹牛皮—这个牛皮吹不得

某些成分可作一定的变换，如：

拖后腿—拉后腿—扯后腿

某些动宾结构的惯用语中可以插入"个"，形成 S_2，如：

(23) 开了一个夜车，才把这篇稿子赶出来。（《现代汉语词典》第 5 版第 759 页）

(24) 汉光武帝碰了个钉子，只好绕道到东中门进城。（应用文 \ 中华上下五千年 . txt）

"开夜车"和"碰钉子"作为惯用语都已获得了专门的抽象意义，"开夜车"比喻"为了赶时间，在夜间继续学习或工作"，"碰钉子"比喻"遭到拒绝或受到挫折"，"夜车"和"钉子"分别与动词"开"和"碰"组合成一个表达特殊意义的固定整体，在结构中都已失去了独立的个体意义，插入成分"个"无法作为普通名量词个体化、具体化"夜车"和"钉子"，上两例中"个"的作用跟离合词中"个"的作用相同，都是将抽象的活动有界化、具体化为实实在在的"某一个"事件。

某些动宾式惯用语 VN 中的 N 本身不能个化，插入的"个"从整体上个体化 VN 所代表的抽象活动，如：

(25) 公元前 279 年，他又耍了个花招，请赵惠文王到秦地渑池（今河南渑池县西，渑音 miǎn）去。（应用文 \ 中华上下五千年 . txt）

动宾关系的惯用语的性质与离合词有着相似之处，其整体功能相当于一个词，内部又可以作一定程度的扩展，但"动不离宾、宾不离动"，动宾之间结合得非常紧密。

除了惯用语以外，还有一些固定的动宾搭配组合，因长期组合在一起也获得了稳定不变的意义，功能上相当于词。《现代汉语词典》收录了一部分这样的结构，如以"打X"为例，有"打招呼、打圆场、打照面、打折扣、打下手、打比方、打哈欠、打喷嚏、打哆嗦、打寒噤、打突、打转、打闪、打滑"等，既有双音节结构，又有三音节结构。这些固定结构中有时也可以插入"个"，如：

（26）每逢旧货市场开门，他们就先拥进去，占住合适货物，向管理人员打个招呼，说这些东西他要了；又派同伙假装去取钱。（人民日报\1993\R93_02. txt）

（27）八十高龄的平岩外四在报上谈"我与读书"，似乎采访者想打个圆场：老外每周都看那《少年腾跃》，还有什么《沉默的舰队》，为的是了解现代青少年吧？（读书\vol–200. txt）

（28）牟彦峰腾地一下站起身来，拔腿就要往里冲，与窜出来的歹徒正打个照面，凶狠的歹徒朝他连开三枪，牟彦峰扑倒在写字台上，歹徒趁机窜出值班室，逃向客运站广场。（人民日报\1995\Rm9508b. txt）

例（26）"打个招呼"中的"个"旨在说明一个具体的"打招呼"的动作；例（27）中的"打个圆场"也是"一个"具体的事件，其后的解释性语句旨在补充说明采访者"打圆场"的具体内容；例（28）"打个照面"与"站起身来""往里冲"等是主人公先后发生的具体动作，描述事件先后顺序的叙述句要求固定结构"打照面"插入"个"使之个体化、事件化，不用"个"的光杆形式"打照面"因不能表达具体事件而使例（28）′变得不合法：

（28）′*牟彦峰腾地一下站起身来，拔腿就要往里冲，与窜出来的歹徒正打照面，凶狠的歹徒朝他连开三枪，牟彦峰扑倒在写字台上，歹徒趁机窜出值班室，逃向客运站广场。

这种固定搭配形成的S₂结构还有：

打个喷嚏、打个交道、套个近乎、开个玩笑、凑个热闹、搓个麻将、翻个白眼、使个眼色、翻个跟斗、扎个猛子、行个方便

4.1.3　"V个N"中的N为动态性的事件名词或动名词

名词的语法特征往往跟空间特征有关，动词的语法特征往往跟时间特征有关（陈平，1988）。如"桌子""书""电脑""杯子"等名词所代表的事物都是具有三维空间的实体，是静态的，体现这一性质的语法特征就是这些名词能受个体量词"张""本""台""个"等修饰，不能加"了""着""过"等体标记；而"跑""跳""睡"等动词所代表的动作都能在一维的时轴上展开，是动态的，这一特性在语法上表现为能受动量词和时量词如"次""回""顿""小时""分钟"等修饰，能加体标记。

动词和名词的根本属性存在着差异，但动词和名词之间的界限也并不是截然分开的。原型范畴理论认为，人建立的范畴，包括概念范畴、语法范畴等，大多是"典型范畴"而不是离散范畴。范畴不能靠"边界特征（定义性特征）"来界定，没有一个特征是范畴内每个成员所共有的，它们以家族相似性的方式相关联。范畴和范畴之间的边界是模糊的，一个范畴内部各成员的地位是不均等的，有的是范畴的典型成员，有的是非典型成员（张敏，1998）。动词和名词这两个范畴内部都存在着一些包含另一范畴的某些特征的非典型成员，如包含动态性特征的名词——事件名词和包含静态性特征的动词——动名兼类词。

事件名词是指能受动量词修饰的具有动态特征的名词，如"雨""饭""会议""球赛""手术"等，这些名词大多为具有时间特征的事物或活动，如"雨"这种自然现象跟"桌子"等物体相比具有动态性和不稳定性的特点，"饭""会议"等都是人为的活动，都在一定的时间段内发生。在语法表现上，能受动量词修饰是事件名词区别于其他名词的一个重要特征。汉语中相当多的名词可以受动量词修饰［如例（29）］，这些名词的语义中具有或隐含着动态的因素，从而使它获得了某些动词的特点（邵敬敏、刘炎，2001）。

（29）一场雨、一顿饭、一次会议、一场球赛、一次手术

"V个N"中的N为事件名词时，"个"常用来表示动量，如：

（30）啥时开个群众会？（人民日报 \ 1993 \ R93_07. txt）
（31）邀请部分省、市、自治区报纸负责农村报道的编辑、记者进京开了个座谈会。（人民日报 \ 1994 \ 94Rmrb2. txt）

汉语中还存在着一些动名兼类词，如"表示""调查""介绍""说明"等，既可以作动词，也可以作形式动词"作、搞、进行"等的宾语①，形式动词在动宾结构中意义虚灵，"表示"等名词化了的宾语仍然保留了动词的语义特性，这样的动宾结构中插入的"个"也有表示动量的功能，如：

（32）而且，什么人来了，姑奶奶要出来陪祭，什么人来了，姑奶奶只要作个表示，再什么人来了，姑奶奶根本就不必露面，……。［林希《婢女春红（连载之二）》］

（33）他为什么还不快作个解决呢？（古龙《圆月弯刀》）

（34）噢，我上这儿来搞个采访。（王蒙《编辑部的故事》）

类似的"V个N"结构还有"搞个调查、做个介绍、做个比较、做个交待、做个了断、做个检查、做个手术"等。

4.1.4 结合紧密的短语类

前面讨论的离合词、惯用语等整体上都具有词的功能，词作为能独立使用的最小的语言单位，其内部成分之间已经凝固成一个整体。词不同于短语的最大区别就在于词内成分失去了独立性和个体性，且整体结构有着各组成成分意义简单相加的组合意义之外的更高层次的整体意义。VN式离合词、惯用语中的N没有独立性和个体性，这些词形成的"V个N"结构中的"个"有界化和个体化的对象是整个VN而不是N，该结构为S₂。

动宾短语形式情况比较复杂，我们可以看到同样是动宾短语但是插入"个"形成的"V个N"结构性质并不相同，如下面A组中的"V个N"为S₁，而B组中的"V个N"为S₂，如：

A组：

（35）鞋呀，自己买的钉儿，螺丝钉儿，完了凿个眼儿，完了往上凿。（北京话口语）

（36）我刚才买了个鼠标。

---

① 有些语法论著认为这些词仍然为动词，我们不重点探讨该词的词性，如果认为是动词，"个"还另外包含一个名词化的功能，这都不影响"个"最主要还是作动量词的功能。

以上各例中"个"为个体量词"个$_1$"。

B组：

(37) 多少，您这身量胖瘦跟我妈一模一样，麻烦您耽误两分钟，替我妈<u>量个尺寸</u>成不成？（魏润身《挢攘》）

(38) 我腹似雷鸣，你给我<u>下个面</u>，吃了再睡。（梁凤仪《激情三百日》）

(39) 唔，你们做准备，我<u>刮个胡子</u>。[读者（合订本）.txt]

上面几例中"个"都为"个$_2$"，"量个尺寸"是具体的"量尺寸"这样的行为，余者类推。

动宾型离合词和惯用语中插入"个"形成的"V个N"结构都为"S$_2$"，但一般动宾短语中插入"个"后形成的"V个N"结构既可能是S$_1$，也可能是S$_2$，制约和影响"V个N"结构意义理解的因素有哪些？我们接下来将从"个"后N及VN结构的认知属性方面来进行考察。

4.1.4.1　"个"后N的典型性特征

泰勒（Taylor，1989）把名词的典型性特征依次归纳为：

离散的、有形的、占有三维空间的实体＞非空间领域的实体＞集体实体＞抽象实体

具体的物质名词，占有三维空间，空间性最强，是离散的、有形的个体。抽象名词，空间特征最弱，不占有三维空间，是连续的、无形的、非个体性的。名词的典型性越强，它表现为个体或实体的能力就越强，越容易受到个体量词修饰，我们在前文提到典型的名词容易受个体量词修饰的根本原因也在于典型的名词最能体现名词的空间性特征。

例（35）、例（36）中"眼""鼠标"都是占有三维空间实体的典型名词，在动宾结构中，个体量词"个"容易激活这些典型名词的个体性属性。相比较而言，例（37）中的"尺寸"是个抽象名词，个体化程度弱，一般也不能受"个"修饰，没有"一个尺寸"或"两个尺寸"的说法。

"个"是语义抽象化程度最高的个体量词，很多没有专用量词的名词都可以用"个"来修饰，如某些抽象名词，"办法、主意、思路、建议"等，相对于这些抽象名词而言，"尺寸"的个体性更弱，抽象化程度更高，类似的名词还有"身高、体重、价值"等。

"尺寸"等抽象名词难于个体化，在"量个尺寸"中"个"失去了个体化"尺寸"的能力，转而个体化整个动作行为，演变成"个₂"。

4.1.4.2　N 在认知范畴中所处的层级

名词的个体化特征与名词的典型性有密切关系，典型的物质名词受个体量词修饰的可能性很大，除此之外，名词的个体化特征与名词在该认知域范畴中所处的层级也有一定的关系。

认知语言学认为，范畴化或分类的结果往往是一个层级系统，心理学家罗施（Rosch，1973）的实验研究证明，人类概念层次中最重要的不是较高层的范畴如"动物、家具、交通工具"，也不是较低层的范畴如"波斯猫、扶手椅、敞篷跑车"，而是位置居中的范畴如"猫、椅子、汽车"，由于这个层次的范畴在人类认知中的基本地位，它们被称作基本层次范畴（basic-level categories）（张敏，1998）。

基本层次范畴中的成员具有感知上相似的整体外形，能形成反映整个类别的单个心灵意象，人们能够很快地辨认其类属，如所有的"椅子"的形状是大体相似的，人们闭上眼睛很容易形成一个"椅子"的单个意象，而不同的"家具"却有很不相同的外形，难以构想出单个意象。认知科学对基本层次范畴的研究说明，人类的大多数思维是在基本层次上进行的（张敏，1998）。

"V 个 N"结构中的 N 在范畴中所处的层级越低，可个称的可能性就越强，范畴内各层级范畴成员在可个称性上存在着一个等级序列：

高层次范畴成员 < 基本层次范畴成员 < 低层次范畴成员

这一等级序列影响这些成员受"个"修饰的可能性高低，从左至右范畴成员受"个"修饰的可能性越来越高。

在"V 个 N"结构中，N 越处于这一等级序列的右端，"个"越倾向于个体化 N，为"个₁"；N 越处于这一等级序列的左端，"个"越倾向于个体化动作行为，为"个₂"。如：

（40）我去买个西瓜。
（41）我去买个水果。

"西瓜"和"水果"分别为基本层次范畴成员和高层次范畴成员，"西瓜"的可个称性比"水果"强，更容易激活大脑中的单个意象，"水果"是一个类称，难以激活某个具体的单个意象。"买个水果"中的"个"个体化"买水果"这个动作，为"个$_2$"，而"买个西瓜"就是"买一个西瓜"，"个"个体化"西瓜"这一事物，为"个$_1$"。

基本层次范畴的成员由于在可个称性特征上位于等级序列的中间，进入"V个N"结构后"个"的理解有时存在着两可的现象：

（42）我下去买个青菜，你等一下。

（43）我下去买个菜，你等一下。

例（42）中的"青菜"是个低层次范畴成员，"个"只能理解为"个$_1$"；例（43）中的"菜"相对于低层次范畴成员"青菜"而言是个基本层次范畴成员，"买个菜"中的"个"既可以理解为"个$_1$"，即"买一种蔬菜"，也可以理解为"个$_2$"，即"买菜"这一行为。

名词的典型性特征及范畴层级性特征直接影响名词受"个"修饰的可能性，在"V个N"结构中，名词典型性特征强、在范畴内靠近低层次成员的名词所在的"V个N"结构容易理解为S_1，反之，就更容易理解为S_2。

4.1.4.3　N的指称性质

"V个N"中N的指称性质不同，"V个N"结构的语义理解也不同。

以绪论部分例（8）、例（9）为例，虽然"球"具有名词的典型性特征，个体化程度也很高，能受"个$_1$"修饰，但为什么"买个球"为S_1而"传个球"却为S_2？

事实上，除了这两例以外，其他以"球"作宾语成分形成的"V个N"结构也都存在着或者为S_1或者为S_2的现象，如：

A. 买个球、送个球、给个球、偷个球（S_1）

B. 传个球、发个球、踢个球、罚个球（S_2）

形成这种对立现象的原因是什么，其中有什么规律？

我们首先注意到这两组"V个N"结构中N——"球"的指称性质并不相同，A组中"球"为有指成分，B组中"球"为无指成分。

什么是有指成分和无指成分？陈平（1987）指出如果名词性成分的表现对象是话语中的某个实体（entity），该名词性成分为有指成分，否则为无指成分。张伯江（1997）认为引入外延（extension）和内涵（intension）

这两个概念有助于说明有指和无指的实质性区别，即有指成分着重表现词语的外延，无指成分着重表现词语的内涵，有指和无指的区别主要是说话人强调的是事物的属性方面还是与其他实体的区别。

A组中的"球"实实在在和具体语境中的某个实体相联系，代表的是一个具有三维立体空间的物体；而B组中的"球"不代表具体的实体成分，只是补充说明这些动作与"球"相关，都是无指成分。虽然"传球"等动作行为离不开具体的"球"这一事物，但在整个动宾结构中，"球"并不具备个体性和具体性。

名词用作无指成分是以丧失实体意义为代价的，名词无指化的过程就是一个抽象化的过程，即体词性减弱、谓词性增强的过程（张伯江，1997）。下面一组例子中"电影"的指称性质也不同：

（44）上个月我看了三次电影（"电影"无指，未完句）
（45）上个月我看了三部电影（"电影"有指，已完句）

"买个球"类和"传个球"类中"球"的指称性质的差别可以通过提问方式的不同得到证明，如：

（46）我买了个球。
　　　你（刚才）买了个什么？
（47）我传了个球。
　　　？你（刚才）传了个什么？

"传个球"中的名词性成分"球"不能用特殊疑问句提问，说明"球"在"传个球"中并未获得有指形式，而"买个球"中的"球"是有指的。

另外，我们还可以用扩展的办法来区分"买个球"和"传个球"之间的差异，如：

（48）他刚才买了个好球。
（49）他刚才传了个好球。

例（48）中"好"主要用来修饰"球"这个事物，而例（49）中"好"主要用来修饰"传球"这个动作。"传个球"中"个"在表层形式

上修饰名词"球",但在深层意义上却说明整个动作,弄清了这种区别,就不难解释下面的不对称现象了:

(50)他传了个很潇洒的球。

(51)＊他买了个很潇洒的球。

(52)＊他传了个又便宜又漂亮的球。

(53)他买了个又便宜又漂亮的球。

"传个球"与"买个球"中的"球"属性不同,前者强调属性,后者强调个体,前者是无指成分,后者是有指成分。

"买个电话"与"打个电话"中的"电话"也有无指与有指的差别。"买个电话"中的电话指的是物质实体"电话机",而"打个电话"中的"电话"是指电话机具备的通信功能,主要是指一种通讯方式。

4.1.4.4 VN 的事件结构性质

"买个球"与"传个球"是两种不同意义的"V 个 N"形式,这与 VN 中的 N 的指称性不无关系。在我们看来,两组中的名词形成"无指"和"有指"的差别,最根本的原因还在于"传球"和"买球"的事件结构不同。

怎么理解这种事件结构?

一个事件可以分解为一些构件,例如位移事件在空间关系层面可以包括这样一些构件:位移主体、位移的起点、位移的路径、位移的方向、位移的终点等,这些构件在事件中以特定的方式存在,表现事件参与者之间的某种空间关系。这些参与者彼此之间的关系称作事件结构。事件结构具有完形性(gestalt)的特点,表现在事件的框架(frame)和底格(configuration)上。事件框架指的是事件在什么样的环境里进行,空间处所有什么特定的要求等事件的外部信息;事件底格指的是事件以什么方式进行、对事件参与者和事件结构有什么特定的要求等事件内部信息。不同的事件有不同的框架和底格(崔希亮,2004)。

事件的框架和底格在我们的认知系统里是格式化了的内容,是事件结构的重要属性,它会为我们理解事件的整体结构提供线索。虽然句子中并没有明码刻画事件的框架和底格,但我们可以用"心理的眼睛"看到这些内容(Talmy,2000a)。比如"看书"和"看病"都是动名组合,但是它们的事件结构是很不一样的,它们完全在不同的框架下进行,事件进行的程式也不一样:"看病"是在"医院"进行的,而"看书"没有固定的场所，"看病"有固定的程序：挂号—候诊—问诊—开方—划价—交费—取药—打针（崔希亮，2004）。

虽然同样是"球"作宾语，但"传球"与"买球"的事件结构却很不一样。

（1）事件框架不同：

传球：正式的球类活动（包括比赛、平时活动），两个或两个以上的活动成员，固定的活动场地，有着固定的目的（进球获得比赛胜利）。

买球：不是正式的活动，不需要有固定的成员，活动处所可以是商场也可以是别的地方，没有固定的目的（娱乐、锻炼身体、打比赛）。

（2）事件底格不同：

传球：具体的传球过程有固定的要求、较严格的规则，如篮球不能带球跑等。

买球：没有明确的要求，同一般的买卖关系没有多大区别。

"传球"与"买球"的事件结构存在着比较大的差异，使得"传球"与"买球"中的动宾之间的关联模式发生了改变：

"传球"更关注"传"的过程，类似的例子还有：

传球、发球、进球、罚球、点球、投球、输球、赢球

而"买球"更关注"买"的对象，类似的例子还有：

买球、送球、借球、扔球、掉球、换球、偷球、藏球

"买个球"类与"传个球"类分别为 S₁ 和 S₂，导致这种差异的根本原因在于"买球"类动作行为和"传球"类动作行为所代表的事件结构存在着根本的差异，后者有相对固定的"框架"和"底格"，"传球"类事件结构的特殊性导致人们更多地关注动作行为而不是动作的对象，插入该类VN中的"个"个体化的对象是整个动作行为而非动作的受事，有着特殊事件结构的VN插入"个"后形成的"V个N"结构更倾向于理解为 S₂。

下例中两个"V个N"结构意义理解的不同也是VN事件结构的不同导致的：

（54）放在家里吧，咱这代人没问题，保不准下一代就给它扔了；修个墓吧，我们能记着清明给上个坟。（当代＼报刊＼报刊精选＼1994＼11. txt）

"修墓"中的"墓"和"上坟"中的"坟"都能受"个"的修饰,但"修个墓"和"上个坟"中的"个"的性质却完全不同,前者中的"个"是"个$_1$",后者中的"个"是"个$_2$"。"修个墓"和"上个坟"在结构转换上也存在着不对称现象:

(55) 这个墓是我修的。
　　　＊这个坟是我上的。
(56) 修了一个又大又漂亮的墓
　　　＊上了一个又大又漂亮的坟
(57) 这个墓修得越来越漂亮了。
　　　＊这个坟上得越来越漂亮了。
(58) 修个墓　修个坟
　　　＊上个墓　上个坟

这些种种不对称现象说明"修个墓"中的"墓"是有指的,而"上个坟"中的"坟"是无指的,形成这种差异的原因在于"上坟"和"修墓"的事件结构不同。"上坟"所代表的事件有固定的框架和底格,有固定的程式和要求,这一动作行为在我们大脑中首先激活的是一系列与之相关的过程和步骤;而"修墓"并不一定按照固定的模式进行,而且人们对"修"这一行为动作的结果——墓也比较关注。"修墓"和"上坟"事件结构的不同最终导致了"修个墓"和"上个坟"中"个"的性质的不同。

4.1.4.5　VN 的理想认知模型

"V 个 N"结构的意义理解除了受 VN 事件结构的制约,还受 VN 的理想认知模型(Idealized Cognitive Models,简称 ICM)的影响。

认知语言学认为,语义理解的基础是一个涉及背景知识的复杂认知结构,这种复杂的认知结构反映着特定社会文化环境中的说话人对某个或某些领域里的经验具有统一的、典型的、理想化的理解。这种经验结构,普遍反映在某一社团的人们的思维、认知行为中,并在其语言系统中表现出来,这就是所谓的理想认知模型。(张旺熹,2005)理想认知模型或者叫"认知框架"等,是人根据经验建立的概念与概念之间的各种相对固定的关联模式,对人来说,各种 ICM 是"自然的"经验类型(沈家煊,2005),它反映了特定社会文化环境中的说话人对某个或某些领域里经验的统一的理想化的理解。

"V 个 N"意义的理解与 ICM 也有很密切的关系,VN 所代表的动作行为所激活的理想认知模型中动作和动作对象之间量上的对应关系影响"V个N"结构中"个"的性质，具体表现为：

如果在人的大脑所激活的 ICM 中，VN 的动作和动作对象之间不存在着量上的"一"对"一"关系，即一个动作与一个动作对象发生关联，那么这样的"V个N"结构一般属于 S_2，如例（38）中"下个面"中的"个"理解为动量，是因为在我们的认知世界里，"下面"这样的动作行为涉及的动作对象"面"不可能是"一根"，"下面"不可能"下""一个（根）面"，类似的例子还有"刮个胡子""剪个头发""洗个头发""刷个牙"等。

在理想认知模型中，如果动作行为和动作对象之间的关系是不稳定的，可以是"一"对"一"也可以是"一"对"多"时，"V个N"在理解上就有两可的可能，如绪论部分例（7）中的"洗个苹果"既可以指"洗一个苹果"（S_1），也可以指"洗苹果"这样一件事（S_2），说话人并不关注苹果的数量，洗一个还是洗两个、三个都可以用"洗个苹果"来表达。

有意思的是，"我去吃个苹果"中的"个"不太可能理解为"个₂"，是因为在"吃苹果"所激活的 ICM 中，在具体的"吃苹果"这样的事件中，人们不会完全不关注"吃"的"苹果"的具体数量，因为一般人不可能无限制地吃"两/三/四……个苹果"，在"吃苹果"这一具体事件中，"吃"的"苹果"的数量关注度不可能太低，因此"吃个苹果"中的"个"更倾向于理解为"个₁"，而"洗苹果"中"苹果"数量的多少对"洗"这个动作而言关注度可以高也可以低，"洗个苹果"中的"个"既可以是"个₁"，也可以是"个₂"。

4.1.4.6 N 为身体部位名词时"V个N"的特殊性

"刮胡子""剪头发""刷牙"等动作行为所激活的理想认知模型（ICM）中动作行为和动作对象之间只可能是"一"对"多"的关系，这些动宾结构插入"个"后形成的"V个N"结构一般理解为 S_2，但"洗脸"这样的动作和对象之间是"一"对"一"的关系，为什么"洗个脸"不能是 S_1，只能是 S_2 呢？

我们认为"洗脸"与"刮胡子"这样的动作行为都与身体部位相关，而且是全民熟知的日常行为活动，这样的 VN 形成的"V个N"结构大都理解为 S_2，如：

洗个脸、刮个胡子、洗个头、刷个牙、梳个头、理个发、烫个发、剪

个头发、伸个懒腰、修个眉毛、亲个嘴、握个手、弯个腰、直个腰、伸个手、点个头、翻个身、查个血、使个眼色

为什么与身体部位相关的日常行为活动插入"个"后形成的"V个N"大都为 S_2？我们认为"洗脸""刮胡子"这些与身体部位相关的动作行为是全民熟知的日常生活行为，人们对这些动作行为非常熟悉，动词和对象之间形成了较稳定的搭配关系，"刮"的是"胡子"，"剪"的是"头发"，刷的是"牙"，这些身体部位名词因为常和固定的动作动词搭配，信息量都非常低，在动宾结构中常常只是一个补充说明动词的成分，动宾结构的重点在动词而非宾语，与之相关的宾语的数量并不在说话人关注的范围之内。

相原茂（1984）指出 V 与身体部位 N 的合用已经习惯化了，因此结合紧密。从字义上看，虽然熟语性不强，但还是作为一个整体来表示习惯性的行为方式，而绝不是偶发的行为。例如"洗头发"是具有整体性的一件事，是自始至终都抱有同一目的的行为。"洗头发"包含着一连串的动作：先备水，然后弄湿头发，涂上洗发液，再搓洗，用水冲净，然后弄干头发等。"V＋身体N"已形成了某种紧密的整体，其中的身体 N 做整体的一部分，其个别性和具体性都已淡化了，类似的例子还有：

洗脚、洗头发、洗脸、梳头、刮脸、洗手、剃头、修脚、捶腰、翻身

正是由于 V 与 N 的合用"习惯化""熟语化"了，某些组合已经成词，如：

点头、握手、赏脸、伸懒腰、伸手、亲嘴、磕头、叩头、碰头、低头、帮手

这些词中一部分词产生了特定的或者某种附加的意义，这些 VN 表达的不仅仅是身体的动作行为，还蕴含了一定的社会文化含义。如：

点头、握手、理发、伸懒腰、伸手、亲嘴

【点头】头微微向下一动，表示允许、赞成、领会或打招呼。

【握手】彼此伸手相互握住，是见面或分别时的礼节，也用来表示祝贺或慰问等。

某些词超出了与身体部位动作相关的具象意义，主要表达某种特殊的抽象意义，如"跑腿""赏脸"虽然都与身体部位"腿""脸"的动作有关，但整个词表示的不是具体的身体动作，而是抽象的社会意义，《现代汉语词典》（第五版）中的解释为：

【跑腿】为人奔走做杂事。
【赏脸】客套话，用于请对方接受自己的要求或赠品。

"翻身""洗手""伸手"也有表示抽象社会意义的义项：

【翻身】①躺着转动身体。
②比喻从受压迫、受剥削的情况下解放出来。
③比喻改变落后面貌或不利处境。
④转身；回身。
【洗手】①比喻盗贼等改邪归正；②比喻不再干某项职业。
【伸手】①伸出手，比喻向别人或组织要（东西、荣誉等）；②指插手（含贬义）。

成词的"V + 个 + 身体部位 N①"大部分也是 S₂：

（59）如果你不急，我想请他跑个腿。（翻译作品 \ 文学 \ 龙枪——兄弟之战 . txt）
（60）我爸爸家里都不会让这样的女人去作厨娘，我的亡夫当然会赏她们个脸，接待他们。（翻译作品 \ 文学 \ 罪与罚 . txt）

人们认识周围事物是通过认识自身开始的，人们对自身的认识最多，也最清楚。当身体部位名词作动词宾语时，身体部位 N 的信息量非常低。宾语 N 在整个结构中的信息地位直接影响了"V 个 N"中 N 个体化程度的高低。同样的动词与身体名词和非身体名词搭配形成的"V 个 N"的整体功能存在着很大的差异，如"我去洗个苹果"中的"洗个苹果"既可能是 S₁ 也可能是 S₂，而"我去洗个手/脚/头/脸"②中的"V 个 N"只能理解为 S₂。

---

① 为了表述的方便，我们仍使用名词符号 N 来表示名词性语素。
② 该例为绪论部分例（12）。

"洗个苹果"和"洗个手"在表层形式上只是名词"苹果"与"手"的不同，二者本身都是可个称的名词，都可用个体量词修饰，如：

一个苹果　两个苹果
一只手　两只手　三只手

但是"我去洗个手"中的"个"不太适合用"只"来替换，如：

（61）＊我去洗只手。

究其原因就在于，在我们的理想认知模式中"洗手"这样的活动有某种固定的认知模型，"洗手"一般都是"洗两只手"，这是全民共知的。即便是洗某只手上的污渍，我们也将它主观地认知为"洗两只手"，如果是需要特别强调洗某一只手，一般就要将这一只手"个体化""实体化"或"有指化"，其中一种办法就是将"手"变成受事话题或作"把"字宾语：

（62）这只手脏了，你去洗一下。
（63）好好把这只手洗一下。

"洗手"是全民熟知的日常动作行为，有固定的程序。"洗手"这个结构中的动宾结合得非常紧密，其整体相当于一个动词，"手"只是补充说明"洗"的对象，是默认的或者说可预测的信息，不需要实体化或者个体化，更不需要量化。"洗个手"中"个"的作用只能理解为个体化、具体化"洗手"这个抽象的行为动作。

"洗苹果"中"洗"的对象"苹果"的熟知程度远不如身体部位名词，未知的信息可以受到关注，也可以不受关注，"洗个苹果"就有两可的理解。

"V＋个＋身体部位 N"大多为 S_2 结构，但这并不意味着身体部位 N 作宾语的动宾结构插入"个"所形成的"V 个 N"结构都是 S_2。"V＋身体部位名词 N"所代表的动作行为不是全民共有的，"V＋N"搭配也没有熟语化、习惯化，宾语所代表的受事的数量在 VN 所代表的事件中就有可能受到关注，信息量因此增强，就有可能为 S_1，如绪论中的例（10）"刷个牙"和例（11）"换个牙"，前者为 S_2，后者既可以是 S_2 也可以是 S_1，原因就在于"刷牙"和"换牙"的事件性质不完全相同。

　　"刷牙"这个事件全民共知，是一个一般的、通常的事件，"牙"的信息量极低，不需要个体化或者量化，属于熟语性搭配，而"换牙"是偶发事件，根据我们的生活经验可以判断"换牙"可以是"换一颗牙"，也可以是换"两颗""三颗"，"换个牙"中的"个"可以是相当于"颗"的普通个体量词，而"刷个牙"只能理解为做了"刷牙"这样的动作，而不可能是"刷一颗牙"，这就是二者的区别。

　　"V 个 N"中 VN 多大程度上被认知为一个整体的动作行为，宾语在多大程度上被理解为一个具体化、实体化的个体，是决定"V 个 N"结构意义的根本因素。

4.2　特殊"V 个 N"构式的意义理解

　　S_1 和 S_2 中"个"的功能不同，"个₁"作为个体量词个体化名词所代表的事物，"个₂"作为特殊的动量词个体化 VN 所代表的抽象活动。一般的"V 个 N"结构在表达具体动作意义时要么为 S_1，要么为 S_2，但某些"V 个 N"结构存在着既可理解为 S_1，又可理解为 S_2 的两可现象。具体来看，有如下几种情况：

4.2.1　离合词组成的"V 个 N"结构的意义理解

　　"签字"是个离合词，《现代汉语词典》（第 5 版）已作了收录：

【签字】在文件上写上自己的名字，表示负责。

　　"签字"与"写字"不同，字不再指示具体的方块汉字，表达特殊的意义，"签个字"一般理解为一个事件，为 S_2，如：

　　（64）他们没有孩子，没有财产，所以手续很简单，只要他签一个字就行了。（报刊 \ 作家文摘 \ 1996 \ 1996B. txt）

　　这里的"签一个字"不是简单地"写一个字"，而是做一个"签字"这样的事，"签"的"字"既可以是名字也可以是相关的意见，一般不是指一个普通的汉字。但这又不是绝对的，"签个字"有时就是签一个具体的汉字，在说话人想把"签字"的具体内容表达出来时，"字"又成了一个独立的词——汉字，可以说，"签字"在某些特殊语境下，"字"的方块汉字的意义能得到激活，此时"V 个 N"中的"个"又变成了"个$_1$"：

（65）她飞快地在信末签了一个字——雁。（谌容《梦中的河》）

当"签个字"中的"个"变为名量词时，其前可有其他数词形式：

（66）在一张写有"我身后捐出眼睛角膜给中国人民"的表格上，郑重地签上"王震"两个字。（当代 \ 报刊 \ 人民日报 \ 1994 \ 94Rmrb1. txt）

（67）落款是五中队，队长程贵华龙飞凤舞地签了两个字：同意。（张平《十面埋伏》）

"签个字"意义理解上的两可现象的产生与离合词的性质有关，离合词是词还是短语这一问题一度成为语言学界讨论的焦点，张理明（1982）、李临定（1990）、周上之（2006）都认为离合词处于词和短语的中间状态，这种从动态角度来考察离合词的特性有利于解释离合词的一些中间现象。离合词形成的"V 个 N"结构存在着 S$_1$、S$_2$ 的两可现象就与离合词的这一特性密切相关。当"签字"接近于短语状态时倾向于理解为 S$_1$，接近于词的状态时倾向于理解为 S$_2$。

下面这个例子中"报个喜"中的"喜"与"捎个喜讯"中的"喜讯"意义相近，但前者为 S$_2$、后者为 S$_1$。

（68）请你们给我捎个喜讯到北京，向朱副总理报个喜！（人民日报 \ 1994 \ 94Rmrb4. txt）

离合词组成的"V 个 N"一般理解为 S$_2$，如例（69），但如果句中的 N 有补充的语义信息时，N 的独立性增强，此时的"V 个 N"又更倾向于理解为 S$_1$，如例（70）：

（69）你不敢干预，也应在开拍前给我通个信嘛！（作家文摘 \ 1994 \ 1994A. txt）

（70）芬母时没有办理任何法律手续，只是让她回京后向房山区公安分局通个信儿，来人保陈义。（报刊精选 \ 1994 \ 01. txt）

4.2.2 VN 的具体意义和抽象意义对 "V 个 N" 结构意义理解的影响

某些 VN 结构既有具体意义又有抽象意义，如"牵线""搭桥""加塞"，准确地说，这类词在表达具体意义时是短语，在表达抽象意义时是词，表达具体意义时形成的"V 个 N"为 S$_1$，表达抽象意义时形成的"V 个 N"为 S$_2$。如例（71）为 S$_1$，例（72）为 S$_2$：

（71）他们在小河上搭了个桥。

（72）能不能帮我搭个桥与他的父亲认识一下？

这种区别与离合词组成的"V 个 N"的意义的两可现象本质是一样的。

不过，这些词一般更多地使用抽象的意义，我们前面讨论的惯用语因为有了较固定的抽象意义，形成的"V 个 N"结构大多是 S$_2$，如：

（73）这点事用不着惊动他，万一碰个钉子也不好。（周而复《上海的早晨》）

某些短语结构如我们前面讨论的"洗个苹果""换个牙"都存在着两可的理解，这些现象应该有一定的普遍性，但由于动宾短语内容复杂，无法作穷尽性的考察，自由动宾短语插入"个"所形成的"V 个 N"结构的两可理解的规律还有待以后进一步研究。

4.3 S$_2$ 出现的句类环境

S$_2$ 出现的句类环境主要有以下几种：

4.3.1 动作描写句

S$_2$ 常用在描述先后发生的一系列动作行为的描写句中，例如：

（74）那天，李老师跑到我家来，趴在地上，又给我叩个头，这个头叩得却是有板有眼呵，如谢救命恩人。（冯骥才《一百个人的十年》）

（75）讲师先生抱歉地赔个笑，不慌不忙地从口袋掏出几张照片和剪

报的复印件亮在桌上。（中杰英《怪摊》）

有时和"先、然后、接着"等表示事件先后发生的标志词共现，例如：

（76）就这时候，瑞香翩然出现，进门先福一福，拢总请了一个安，然后向胡雪岩说道：……（高阳《红顶商人胡雪岩》）

（77）他出了厂，先到南京路王开照相馆拍了个照，然后才回到家里。（周而复《上海的早晨》）

4.3.2　动作将然句或已然句

S_2 还可用在表示将要发生或已经发生某一动作行为的将然句或已然句中，将然句中常和表示说话人主观意愿的"想""要"等词同现，例如：

（78）感动得牛群真想给他们每人敬个礼、作个揖、鞠个躬、磕个头。（刘肃《"牛眼"看人高》）

（79）外面要开席了，我也要去照个面，敷衍敷衍。（高阳《红顶商人胡雪岩》）

已然句中常和"了"共现，例如：

（80）许世友在会上发了个言。（凯旋《许世友三次自杀真相》）

（81）中共山西省纪委书记冯芝茂接受本报记者采访时，开门见山表了个态。（人民日报\1995\Rm9501b.txt）

4.3.3　祈使句、建议句

祈使句和建议句是说话人命令、要求或建议对方做某事的句子，S_2 常出现在这两种句式中表示被命令、要求或建议做的具体事件，例如：

（82）你拿我这位朋友送到岸，回来通个信给我，我再送你十两银子。（高阳《红顶商人胡雪岩》）

（83）白庙乡村民向智福才买到稻种，她乐滋滋地要记者给她的种子照个相。（人民日报\1996\96News03.txt）

(84) <u>握个手</u>吧。[读者 \ 读者 (合订本) . txt]

4.3.4　疑问句

(85) 我能不能来<u>凑个数</u>呢? (应用文 \ 中华上下五千年 . txt)

从总体上来看,S$_2$较多地使用在表示具体动作行为发生的事件句中,在祈使句、建议句及疑问句中也是对具体事件的要求、建议及询问,S$_2$出现的外部环境与 S$_2$表示有界事件的功能是相符的。

4.4　S$_2$产生的动因和机制

"V 个 N"内部的变异本质上是一种共时平面的语法化现象。这种共时平面的语法化现象是如何产生的? 产生的动因和机制是什么? 我们将结合上文的研究来详细分析和讨论。

4.4.1　"个"语法化现象产生的动因

"V 个 N"结构发生语法化现象是各种因素共同起作用的结果,具体来看,主要有如下几点:

4.4.1.1　"个"的高频使用

"V 个 N"结构内部出现语义分化现象,"个"从一般名量词语法化为特殊动量词的首要原因在于"个"是个高频使用的词。

语法化理论认为,一个词汇成分发生语法化的先决条件有三: ①语义相宜 (semantic suitability); ②"结构临近" (constructional contiguity); ③"高频使用" (frequency) (Traugott, 1996)。频率原则也是语法化的一个规律: 实词的使用频率越高,就越容易虚化,虚化的结构又提高了使用频率,从分布上讲,虚化的程度越高,分布的范围也就越广。有人作过统计,斯瓦西里语里已经虚化的词全部属于最常用词中使用频率最高的 278 个词 (沈家煊, 1994)。

根据《现代汉语常用字表》,"个"的使用频度排在第 17 位,然而在前一百个常用词中没有其他专门量词 (石毓智, 2004)。"个"的高频使用是它发生语法化现象的重要条件,所有量词中"个"的语义漂白 (semantic bleaching) 最彻底,通用性最高 (杉村博文, 2006)。

"个"的语义漂白最彻底,这是"个"不同于其他个体量词的一个最重要的特点，与它搭配的名词几乎没有什么特别的限制，正是因为"个"这种与名词搭配不受特别限制的特点使它进入"V 个 N"结构也几乎不受限制。在"个"后 N 发生根本性改变不能受个体量词修饰时，"个"仍然能在表层形式上位于 N 前，这是其他一般个体量词不具备的功能。一般个体量词只能修饰相应的名词性成分，而"个"因为高频使用，它的使用范围越来越广，虚化程度越来越高，即使某些 N 本身不能受"个"修饰，但在形式上"个"仍然可以位于这样的 N 前。如没有"一个面"的说法，但我们可以说"见一个面"；没有"一个歉"的说法，但我们可以说"道一个歉"。这种形式上修饰不可个体化名词性成分的能力是"个"高频使用的结果，是"个"的扩展用法。

　　另外，某些名词虽然有相应的名量词，但仍然可以使用"个"，此时"个"只是形式上修饰后面的名词，但在深层结构上"个"与整个 VN 发生联系，演变成 S_2 结构。此时如果将"个2"换成与 N 相对应的名量词，整个结构就变成了 S_1，试比较：

A 组：（86）来，咱们一块照个像。（S_2）（人民日报 \ 1994 \ 94Rmrb1. txt）
　　　　（86）′来，咱们一块照张像。（S_1）

B 组：（87）要是行，那我满脸笑容，咱们抓紧一起照个相。（S_2）（人民日报 \ 1994 \ 94Rmrb1）
　　　　（87）′要是行，那我满脸笑容，咱们抓紧一起照张相。（S_1）

C 组：（88）给我下个面。（S_2）
　　　　（88）′给我下碗面。（S_1）

　　这说明普通名量词与修饰的名词之间有较强的相互制约作用，不可能脱离名量词这一范畴，实现"去范畴化"，也就不可能像"个"一样发生语法化。

4.4.1.2　动宾结构的特殊性是"个"语法化的重要原因

　　我们在分析 S_2 时发现，大量 S_2 中的 VN 都是动宾式的离合词，动宾式的离合词能像一般动宾短语那样具有可扩展性，这是大量离合词形式的"V 个 N"结构产生的重要原因。

　　汉语的动宾式复合词与其他类型的复合词不一样，往往可以扩展，汉语复合词组成成分之间的结构关系基本上是和句法结构关系一致的，复合词的结构和句法结构是平行的（朱德熙，1982）。汉语中的词法和句法具有共通性，词的构造方式主要有主谓、动宾、述补、偏正、联合等，而短语乃至句子的构造方式也基本如此。郭绍虞（1979）也指出："汉语的构词法和造句法是基本一致的。中间还有词组一级，它的结构形式也是与之一致的。"这种结构关系的一致性，使述宾式复合词能仿照述宾结构的扩展方式插入"个"，形成"V个N"结构。动宾式复合词本身可以扩展这一特殊性是大量离合词形式的 S₂ 产生的重要原因。

4.4.1.3　"动+量+宾"结构是 S₂ 形成的唯一句法结构条件

"动+量+宾"结构中的量词既可以是名量词也可以是动量词，"动+名量+宾"和"动+动量+宾"结构内部的组合层次虽然存在着一定的差别，但是在线性层次上都是"动+量+宾"形式。正是在这种结构中，"个"才能实现从名量到动量的转变。

"动+名量+宾"和"动+动量+宾"在结构层次上大部分是清晰可辨的，二者的典型例子有：

（89）吃/一碗饭　　吃一顿/饭

　　　看/一部电影　看一次/电影

"个"在"动+量+宾"中从"动+名量（个₁）+宾"转变为"动+动量（个₂）+宾"，就完成了它的语法化过程。"个"从名量到动量的转变说明"动+量+宾"结构中量词在特殊情况下可发生性质上的变化，这在汉语中还有另外一个证据。汉语中部分"动+动量+名"结构中还存在着动量词和名词相纠结的现象：

（90）他看了一次电影/他进了一趟城/他念了一遍生字

例（90）中"数+动量词"是动词的补语还是后面名词的定语历来都有争议。朱德熙（1982）认为，"从意义上说'一趟、一次、一遍'表示动作的次数，可是从结构上说，却是修饰后边的名词的"，理由是，因为可以说，一次电影也没看/一趟城也没进/一遍生字也没念，而"一次电影也没看"等跟"一碗饭也没吃""一本书也没看"在结构上是平行的。但邵敬敏（1996）却认为"一次城也没进"这种语言现象是仿造"一座城也没进"而来，所以把"进了一次城"分析作"进了一次"（动补）带上宾语"城"的结构，同时也承认"一次城也没进"中的"一次城"是一个偏正（定心）结构，即承认动量词在一定条件下可以作定语。

邵敬敏（1996）还注意到了 A 组和 B 组的区别：

A. 进了一次城/吃了一次饭/补了一次鞋/看了一次戏

B. 进行了一次冒险/召开了一次会议/经受了一次考验/取得了一次胜利

A 组中的动词都是具体的动作动词，名词是具体的事物；B 组中动词则是抽象的动词，名词则具有动作行为的含义，有的更是动名兼类词（如"冒险、考验"）。A 式只有一种分析"进了一次 | 城"，B 组既可以分析为"进行了一次 | 冒险"，也可以分析为"进行了 | 一次冒险"。如果按第二种分析，"一次冒险"为偏正（定心）结构作"进行"的宾语，这种可以二分的情形说明在一定条件下动量词可以修饰名词。

"动 + 量 + 宾"结构中的量词既可以是名量词也可以是动量词，在某些特殊的情况下动量词既可以作动词的补语也可以修饰名词，在修饰名词时动量词在形式上获得了名量词的地位和功能。某些"动 + 量 + 宾"结构中动量词的深层结构地位的两可分析说明"动 + 名量 + 宾"和"动 + 动量 + 宾"之间存在着某种共通性，二者在某些特殊条件下可以相互转化。

"V 个 N"结构中"个"从名量到动量的转化就是在"动 + 量 + 宾"这种结构中实现的，"动 + 量 + 宾"也就是"V 个 N"结构为"个"的功能转化提供了外部的结构环境。

4.4.1.4　N 非个体化是"个"语法化的直接动因

"动 + 量 + 宾"中的"量"既可以是名量也可以是动量，名量和动量在动宾结构中外部分布环境一致，表层结构形式也一致，这为"V 个 N"结构中"个"从名量转化为动量提供了结构上的条件，但这种结构条件只是为"V 个 N"中"个"的转化带来了某种可能性，"个"语法化的直接动因来自于"V 个 N"中的 N。如果说"动 + 量 + 宾"为"V 个 N"中"个"的语法化提供了某种可能，那么 VN 中 N 的非个体化直接促成了"个"从普通名量词语法化为特殊动量词。

在 S_2 中，由于 N 不能实现个体化，"个"作为个体量词失去了存在的价值和依托，在"V 个 N"这一特殊句法结构中，"个"的个体化对象从 N 转移到 VN，从普通的名量词语法化为特殊动量词。

从本章第二节的分析中可以看出 S_2 中的 N 都未实现个体化，我们对这些非个体化的 N 作如下总结和归纳：

（1）部分"VN"只是动宾式复合词，N只是语素成分不能获得独立成词的机会。

这主要是指离合词插入"个"形成的"V个N"结构，从前文分析中可看出大部分离合词中的N都只是语素成分，如"（留）神""（取）暖""（道）歉""（扯）淡""（敬）礼""（鞠）躬"等，这些语素成分不代表现实中的个体，自然不能个体化和实体化。"个"在离合词"V个N"中作为名量词的功能受到抑制，从而激活了"动+量+宾"中的另外一种量词——动量词的功能。

（2）虽然VN形式的惯用语中某些N能被个体化，但受整个VN结构意义的影响，N的个体化受到限制。

VN形式的惯用语整体上也相当于词，具有超越于各组成成分意义之上的整体意义，受结构整体意义的限制，N的意义不能直接从结构意义中简单拆分出来，N大都失去了原来的具体名词的意义，不能实现个体化，如"碰钉子"中的"钉子"已经不再是具体名词，而是指"困难、阻挠"，带有隐喻性质，"碰个钉子"中的"钉子"也不是现实生活中具体的一个钉子，无法实现个体化，"个"转而指向整个"碰钉子"这一动作活动。

（3）"V个N"中事件名词的动态性和时间性特征使N不具有普通名词的实体化功能。

"开个会""做个调查"等"V个N"结构中的N是事件名词或动名兼类词，这些名词具有动词的某些语法特征，如能受动量词修饰，如"一次调查""一次会议"；这些事件名词作动词宾语，表达的仍然是动态意义，"个"在结构中不能将这种本身有动态意义和事件特征的名词个体化为具体的事物，这样的"V个N"中的"个"修饰的是整个动作行为，具有动量意义。

（4）"V个N"中N为非典型抽象名词，难以实现个体化。

抽象名词为非典型名词，本身不能实现个体化，如"量个尺寸"中的"尺寸"为非典型名词，不能个体化，不能受"个"修饰。

（5）短语类的VN中N受VN理想认知模型和事件结构的影响不能实现个体化。

具体可分为以下几种情况：

①VN所代表的事件结构的特殊性使得关注焦点为整个VN而非N，N不需要个体化。

在某些特定认知域中，VN因为有固定的框架和底格，N在结构中信息量也很低,只用来帮助说明动作行为,不能成为关注焦点,在指称上体现为无指成分。如球类认知域中的动作行为"踢球、打球、传球、发球、罚球"都有固定的场地(球场),有具体的规则和要求(如何踢、打、传、发等都有相应的规则),"球"在"踢个球"类"V个N"结构中都是无指性成分,只用来补充说明这些动作与球类相关这一信息,不能实现个体化。而在"买球"中,该动作行为不在球类活动这一认知域中,没有固定的场所和特定的规则,"球"在"买个球"类"V个N"结构中是实体名词,为有指成分,"买个球"中的"球"受"个"修饰实现了个体化。

②VN的理想认知模型中包含动作V和对象N之间"一"对"多"的关系,N不需要个体化。

在我们理想的认知世界中,某些VN所代表的动作行为和动作对象之间并非"一"对"一"的关系,也就是一个动作行为总是和多个动作对象发生联系,如"洗头发""下面",不可能"洗一根头发""下一根面条",这些动宾结构中插入"个"所形成的"V个N"结构中"个"一般不用来个体化N。

正是由于"洗头发""下面"这样的动作行为在我们的认知世界中能激活相对稳定的认知模式,我们能判断动作行为和动作对象之间的数值关系,也就不需要"个"来个体化这些名词形式以实现进一步的量化。这些动宾结构形成的"V个N"中的"个"都用来个体化整个VN。

③VN表示身体部位相关的动作,N信息度很低,不需要个体化。

人们对外部世界的认知是从认识自身开始的,其他很多经验都与身体经验密切相关。相应地,与身体部位相关的动作行为也是全民非常熟悉的,表身体部位的动作行为的"V+身体部位N"形式也带有惯用语性质,身体部位N在整个动宾结构中信息量非常低,插入"个"之后这种信息量低的N也很难获得个体化。如"洗个手""洗个脚",因为"洗手""洗脚"都是与身体部位相关的全民熟知的共同行为,"手""脚"作为洗的对象是最常见的,因而在动宾结构中对听话人而言信息价值并不高,"个"在这样的动宾结构中只用来个体化整个动作行为而不需要个体化动作对象。如"我去洗个手"中具体洗几只手,具体洗哪只手是不需要表达的信息,也不需要个体化。

"V个N"中的N因为种种原因而无法实现个体化,"个"相应地也失去了个体化N的功能,因为N不能被个体化,促使其前面的"个"的语法功能发生转变——个体化整个动宾结构,变成了动量词,这就是"个"的语法化过程。

4.4.2 "个"语法化实现的机制

语法化理论认为，导致语法化过程实现的两个基本机制是"重新分析"（reanalysis）和"类推"（anaolgy）（Hopper & Traugott，2003）。

从语法化的角度来看，"V 个 N"结构中的"个"从名量变为动量是一个重新分析的过程。

所谓重新分析，是指没有改变表层表达形式的结构变化。一个可分析为（A，B），C 的结构，经过重新分析后，变成了 A，（B，C）结构（孙朝奋，1994）。

英语中表将来时的"be going to"中的"go"从一个表示具体位移过程的动作动词变为一个表示未来时的助动词，其中就经历了一个重新分析的过程。

重新分析发生在目的性的方向结构（purposive directional constructions）中，如：

I am going to marry Bill.

这句话最初的意思是：

I am leaving / traveling to marry Bill.

其中 go 是一个实义动词，但这种结构的目的性语义中已经蕴含了未来的意思，因为人们行为的目的就是目前还没有实现的，如果我要离开这里到那里去和比尔结婚，那么自然就可以推论出婚礼是将来的事。这就有了重新分析的可能。但重新分析的过程是隐蔽的，因为在发生重新分析的语境中有一种表面的意思，同时也有一种推论义（inference），而这两种意思都寄生在同一结构中。当推论义被后代的语言使用者理解为某个语言形式本身的意思时，重新分析就完成了（Hopper & Traugott，2003）。

"V 个 N"中的"个"从普通名量词语法化为特殊动量词，"V 个 N"的结构形式经历了"V，（个，N）"到"（V，个），N"的变化，前者的"个"后附于名词，后者的"个"前附于动词，这就是一个重新分析的过程。"V 个 N"结构同时包含了 S₁、S₂ 两种不同的意义结构，后者是前者通过重新分析之后产生的新的意义结构。如"洗个苹果"有 S₁、S₂ 两种理解，从"洗/个苹果"到"洗个/苹果"，"V 个 N"结构经历了重新分析的过程，"个"的语法性质也随之发生了改变，实现了语法化。

导致语法化实现的另一个机制是"类推"。我们在前文讨论离合词时提到的"小个便""优个惠""拥个护"这样的一些结构形式，都是仿照"V个N"结构类推产生的，它们虽然在结构形式上与动宾式离合词并不相同，却可以按照离合词的扩展方式类推产生与"V个N"相类似的"A个B"结构，这从另一个角度说明 S₂ 有极强的生命力，使用范围正在逐步扩大。

4.4.3 "个"语法化实现的认知基础

"个"在"V个N"结构中从名量词语法化为动量词，这种语法化现象的产生有着更为根本的认知基础：事物和活动的有界化。名量词和动量词在有界化这一点上具有共通性，"个"的语法化就是建立在二者共通的"有界化"概念基础之上的。

事物存在着"有界"和"无界"的差别，动作行为也有"有界"和"无界"的对立，"个"既能修饰有界的事物，如"一个苹果"，也能限定有界的事件，如"笑一个"。"个"是有界事物和有界事件之间联系的纽带。

在英语中，冠词"a"与"（一）个"类似，既能个体化事物，也能个体化活动；既能表示一个事物，也能表示一个动作，如：

(91) I have a book.
   我有一本书。
(92) I had a look at this book.
   我看了一下这本书。

例（92）中"a"与汉语中的数量词相当，相当于"一本"，"a"将抽象事物"书"个体化为现实生活中具体的一本书；例（92）中"a"修饰限定动作行为"look"，把抽象活动"看"个体化为具体的"看书"这一事件。英语中的"a"个体化事物和个体化活动的功能与"个"的功能是一致的。二者都能个体化事物，但在个体化活动时二者的方式有同有异，如表 4 - 1 所示：

表 4 - 1 汉语"个"与英语"a"个体化活动的区别

	汉语	英语
形式动词 + 个（a） + 动词	作个调查	have a look
动 + 个 + 名	洗个手	

4.5 小 结

本章主要讨论 S_2 的性质意义、S_2 中 VN 的特点、S_2 与 S_1 语义理解的区分、S_2 形成的动因和机制、S_2 表动量的特殊性等问题。

S_2 中"个"的作用在于将 VN 所代表的抽象活动有界化为具体的事件；与 S_1 相比，S_2 中的 VN 有着明显的特殊性，当 VN 为动宾式离合词、惯用语或具有动态性语义特征的事件名词时，所形成的"V个N"结构一般都为 S_2。当 VN 为普通动宾结构时，"个"后 N 的典型性特征、N 在认知域范畴中所处的层级、N 的指称性、VN 的事件结构性质、VN 的理想认知模型等因素对 VN 的语义理解都起着至关重要的作用。另外，当 N 为身体部位名词时，VN 所代表的动作行为具有熟语化特征，形成的"V个N"结构大都为 S_2。

"V个N"结构从 S_1 到 S_2 的演变是一种语法化现象，与"个$_1$"相比，"个$_2$"表现出脱范畴化（decategorilization）和去语义化（desemanticalization）的特点。该语法化现象产生的动因包括以下几点：①"个"的高频使用；②动宾结构本身可扩展是 S_2 产生的重要条件；③"动+量+宾"结构是 S_2 形成的外部句法条件；④N 在"V个N"结构中不能实现个体化是 S_2 形成的直接动因。"个$_1$"到"个$_2$"语法化实现的机制是重新分析和类推；人类认知中"有界"的观念是"个"语法化实现的概念基础。

S_2 结构中"个"作为有界化抽象活动的动量词，与"次"等一般动量词不同，"V个N"结构中的"个"不具备直接客观的计量功能，大部分"V（一）个N"中的"（一）个"与"两/三……个"没有量的类推性和递归性。虽然 S_2 不具备明显直观的计量功能，但有隐性表达动作小量的功能，主要表现在 S_2 中的 VN 大都为非正式场合下轻松简单的动作，这是普通动量词所不具备的功能。

从 S_1 到 S_2，从有界化 N（一个 N）到有界化 VN（一个 VN），"个"的管辖范围从 N 转移到了 VN，"个"也从显性量表达转向隐性量表达，S_2 的出现是 S_3 结构产生的重要环节，S_2 可以看作 S_1 到 S_3 转变的过渡形式。

5 "V 个 N" 构式（S_3）的隐性量表达（二）——价值小量

5.1 引 言

本章我们讨论"V 个 N"的第三种类型 S_3。例如：

（1）<u>洗个碗</u>也能洗俩钟头。（张欣《梧桐梧桐》）

这个句子中的"V 个 N"结构既不是 S_1，也不是 S_2，句中的"碗"是可数名词，可用数量词计数，有"两个碗""三个碗"的说法，但句中的"洗个碗"并不是指"洗一个碗"，我们作出这种判断的依据有二：

（1）一般情况下，洗碗不可能洗一个碗，而且"洗一个碗洗俩钟头"不合乎常理。

（2）施事洗一个还是两个或者更多数量的碗，都可以用这个句子来表达。在说话人看来"洗碗"的具体数量并不重要。

这说明"洗个碗"中的"个"并不是与客观数量意义相关的个体量词，"个"的根本作用在于评价"洗碗"这个事情本身，即说话人认为"洗碗"是一件能在较短时间内完成的简单事情，但要花"俩钟头"，有点违背常情。

杉村博文（2008）指出，当量词"个"出现在述宾短语中时可以具有"贬值"功能，把动作行为的价值往低里、小里说。我们认为这种概括非常准确，我们把"V 个 N"中评价 VN 事件①价值大小的"个"简称为个$_3$，相应的"V 个 N"结构简称为 S_3。本章主要讨论以下几个问题：

（1）在什么样的情况下"V 个 N"有可能是 S_3，S_3 出现的句法环境是

---

① 这里的"事件"与第四章讨论的事件不是一个概念，这里的"事件"不指有内在终止点的活动，其意义与"事情"的意义相当。

怎样的？

（2）S₃隐性量有哪些具体语义体现？

（3）S₃形成的动因是什么？

5.2　S₃出现的句法环境

弗斯（Firth，1957）认为，考察语言结构的功能时最好的办法是"观其友"（look at the company it keeps），也就是看跟这个语言或结构共现的成分是什么（王海峰，2008）。"对汉语这样一种在很大程度上依赖于'意合'的语言来说，其语法形式的语义蕴含与语境的关系尤为密切"（张旺熹，1991），语境对句法结构具有较强的选择性。S₃在外部句法环境上一定有不同于 S₁、S₂的特点，通过对这些外部语境特点进行考察，我们能更准确地把握"V 个 N"的语义本质及"个"的特殊语义功能。

S₃在外部句法环境上有着明显不同于 S₁、S₂的特点，一般而言，这些外部形式标记能很好地帮助我们判断 S₃，也就是说 S₃常出现在这样的句法环境中，但话不能反过来说，出现在这些结构中的"V 个 N"一定就是S₃。这里的情况比较复杂，需要对具体的结构形式作详细深入的分析。

5.2.1　（连）S₃都/也/还……

S₃常充当连字句"连 XP 都/也/还……"中的 XP 项。连字句的语义存在着某种特殊性，崔永华（1984）认为连字句有"标举极端事例"的意思，即"连"字后面的成分所标举的事物带有一种极端性；周小兵（1990）认为连字句代表一个分级语义系列，"连 XP 都/也……"中的 XP因处于这一系列的顶端而受到强调；崔希亮（1993、1994）从预设、会话含义、情理上的关联角度来理解连字句，认为"连"字句的基本预设是在说话人看来，"连 T₁也/都 VP"中 T₁—VP 的可能性最小，它存在的基础是对 T 的语用分级，"连"字句有许多可能的会话含义，比较是它存在的基础；情理上的关联涉及对话语陈述部分的语用分级。这些研究表明研究者们对连字句中的 XP 与其他相关成分之间在某个语义特征上存在"层级序列"已达成共识。

张旺熹（2005）从认知角度进一步分析指出连字句背后隐藏的是一个以量范畴（量级）为基础的语义范畴，连字句表达的正是人们在量级概念的基础上，根据情理值的大小来对外部事物进行序位化心理操作的过程。如"连小孩子也不哭"实现了"小孩子"和"大人"等其他成员之间与某一情理值相关的序位化操作，"小孩子"位于量级序列中的最低端，取最小值。

当S_3位于"连XP都/也VP"中的XP位置时，从表义上来看，可以理解为"连VN这样的事也/都VP"，在说话人看来VN是最不可能VP的事，如：

（2）我说你这是豪言壮语，她说她不是豪言壮语，当演员的<u>连熬个夜</u>都顶不住算什么！（翟俊杰《话说王姬》）

例（2）"连熬个夜都顶不住"中蕴含着一个"当演员顶不住的事情"的集合，如"熬夜、几天不睡觉、重病拍戏"等，这些集合成员内部根据"顶不住"的程度这一标准形成一个量级序列，"熬夜"位于这一序列的最低端，取最小值，在说话人看来，对演员来说，"熬夜"跟其他事情相比是最轻松、最容易做到的小事。

连字句中S_3的"个"不是普通量词，"熬个夜"不是"熬一个夜"，而是用来表达对VN事件的主观评价，即主观上认为对演员来说，"熬夜"是件微不足道的小事。这种评价是说话人主观认定的，"熬夜"对一般人来说，是很难承受而且非常辛苦的事，但是对演员来说，这是经常发生而且早已习惯的事情，所以是小事。"个"在"V个N"结构中主要帮助表达对VN事件的主观评价，这种主观评价与"连"字句对XP的情理值最低端的要求是一致的，S_3用在连字句中就再自然不过了。

连字句中S_3的用例还有：

（3）……有烦人的工作压力，又没有情人，现在连<u>喝个酒</u>也要被骂……（翻译作品/银河英雄传说03. txt）

（4）但在地方自筹，不管是厘金、捐募，总是公款，何致于户部连<u>要个账</u>都没有资格？（高阳《红顶商人胡雪岩》）

（5）我真不知道他们是怎么做事的，竟然连<u>卸个东西</u>都不会卸。（于晴《红苹果之恋》）

（6）你折腾了几个月了……到现在，连安安静静地<u>看个电视</u>也不行……你少动我的药！（张洁《世界上最疼我的那个人去了》）

以上各例中"个"无一例外都是主观评价VN为微不足道的小事的标记词，"个"作用的对象是VN而不是N，如例（3）"喝个酒"中的"个"

作用于"喝酒"这件事，"个"的使用说明说话人认为"喝酒"是最不应该被骂的小事，"个"在结构中表达说话人对"喝酒"这件事的评价，余例皆可类推。

"连"字句中的"连"字可以省略，"V个N"结构与副词"都""也""还"连用，其中的"个"也是评价VN所代表的事件大小的主观性标记词，如：

（7）倒个水，都得来叫我。（王朔《编辑部的故事》）

（8）从前她几乎是什么都不会，包饺子调个馅儿，都得给她妈妈打好几个长途电话咨询。（电视电影\中国式离婚）

（9）不少战士因缺氧而头痛得睡不着觉，张大嘴呼吸，还时时被憋醒，翻个身也要喘吁一阵子。（人民日报\1994\94Rmrb4.txt）

（10）怎么队长还老带着这俩家伙，说个话也不方便。（冯志《敌后武工队》）

（11）他那样活着累得很，赏个花还要讲大道理！（琼瑶《青青河边草》）

（12）两人倏地都笑了，进个厕所嘛，干吗还英国绅士般装腔作势地"请"来"请"去。（张卫《你别无选择》）

我们说"连"字句中S₃一般表示说话人认为VN所表示的事情价值小、微不足道，下面的例子似乎是这一结论的反例：

（13）你看胡杏多可怜，连过个年也不得安生！（欧阳山《苦斗》）

"过年"在中国人的心目当中地位是很高的，并非小事，那例（13）中的"过个年"是否认为"过年"价值小，微不足道呢？我们认为这里的"个"仍然是主观评价标记，联系"连"字句的整体语义来看，说话人认为"过年不得安生"的可能性最小，这里存在一个预设："过年"是最平静、最闲适、最让人舒心的时候。在"让人安生"这一点上"过年"比其他时候更容易得到实现，因而在与别的成员相比时"过年"处于量级序列的最低点，为主观小量。

连字句中S₃中的"个"具有的评价VN事件本身价值大小的功能，是"V个N"结构本身具有的还是连字句带来的？我们认为S₃中的"个"本身已经具备了主观评价功能，这可通过与"连S₁都/还/也……"的比较清晰地看出来。

下面是"连 S_1 都/还/也……"的句子：

（14）屋中连<u>落个针</u>都可以听到，虎妞也咬上牙不敢出声。（老舍《骆驼祥子》）

（15）谁都像你这样胆小，<u>掉下个树叶</u>也怕砸死你！（杨沫《青春之歌》）

（16）她走路风风火火；办事喊哩咔嚓；说话大嗓门；<u>踩个癞蛤蟆</u>也不惊叫，反正你就觉得她就不是个女孩子。（张李玺《妇女与婚姻家庭》）

（17）地毯有一寸厚，<u>摔个杯子</u>也不会有声。（权延赤《红墙内外》）

上述各例中的"个"都是普通的个体量词，"针""树叶""癞蛤蟆"等名词前的"个"可以用相应的个体量词"根""片""只"替换，不影响意思的表达，"个"作用的对象是后面的 N 而不是整个 VN，此时的"V 个 N"为 S_1 结构。

连字句中"S_1"和"S_3"的区别在于：

S_1 与 S_3 在连字句中决定量级成员之间的量值差异的因素各不相同：一个是 N，一个是 VN。

当 S_1 位于连字句中的 XP 位置时是将"个"后名词与其他名词作比较，"连 S_1 也/都……"中量级序列成员为 VN_1、VN_2、VN_3 等；当 S_3 位于连字句中的 XP 位置时是将 S_3 与其他 VN 作比较，"连 S_3 也/都……"中量级序列成员是 V_1N_1、V_2N_2……。

以例（14）为例，我们改变"V 个 N"中的名词性成分"树叶"，换以其他与"树叶"构成量级差异的名词，句子的可接受程度受到影响。

A. 掉下个树叶也怕砸死你

B. 掉下个苹果也怕砸死你

C. ？掉下个锤子也怕砸死你

D. *掉下个飞机也怕砸死你

高↓低

这说明在 S_1 中 N 改变，进入连字句中的"V 个 N"也发生改变，形成量级差异的是 N，而不是整个 VN 结构，"个"还是普通量词。如果说 S_3 和 S_1 的整体结构在连字句中都表示量级序列的最低端或者说最小量的话，二者最终形成的量级序列就是：

S_3：V_1N_1、V_2N_2、V_3N_3……

S_1：（V个）N_1、（V个）N_2、（V个）N_3、（V个）N_4……

量级序列不同的最根本原因是"个"的性质不同，S_3中的"个"作用于整个VN，表达对VN的价值大小的评价，S_1中的"个"作用于后面的N，为普通的个体量词。"个"的性质的不同直接导致了二者在连字句中表层句法形式的差异，在S_3中，"个"因表达主观评价意义，作用对象为整个VN，可自由删除；而在S_1中，"个"为普通个体量词，作用对象为N，不能从结构中删除，如：

S_1：删"个"后不成立

    a. *屋中连落针都可以听到
    b. *摔杯子也不会有声
    c. *踩癞蛤蟆也不惊叫
    d. *掉下树叶也怕砸死你

S_3：可自由删除"个"

    连要账都没有资格
    连喝酒也要被骂
    连卸东西都不会卸
    连装电话也要开后门

我们可以依照这条标准来区分连字句中的S_1和S_3。另外，从与连字句相关联的其他小句我们可以判断与"V个N"相关的其他量级序列成员，也就是其他比较项：

（18）在家里连拖个地都不愿意，更不用说做其他的了。

连字句与关联小句之间的比较项分别为"拖地"与"做其他的"，"V个N"中"个"管辖的是"拖地"而非"地"，应该为S_3。再看：

（19）连摔个电视她也不会心疼，更不用说摔个茶杯了。

与例（18）不同，例（19）中形成量级差异的比较项是"电视"和"茶杯"，"个"管辖的是后面的名词，"摔个电视"应该为 S_1。

"连"字句中 S_1、S_3 都是量级序列的极端成员，但 S_3 与 S_1 不同的是，除了外部环境"连"字句赋予的这种极端性以外，"个"本身也是对极端性成员 VN 的一种量值评价。简单地说，S_3 的极端性一方面与"连"字句有关，另一方面又与"个"的主观量评价有关；而 S_1 的极端性完全来自于"连"字句。虽然"连"字句中 S_1、S_3 的整体性质和功能是一致的，都是一个量级系列的极端成员，但二者所形成的量级因素并不相同，一个是 N，另一个是 VN；两个结构中"个"的作用也不同：一个是普通个体量词，具有客观性，另一个是价值大小的评价标记，具有主观性。

有意思的是，S_1 和 S_3 进入"连字句"后虽然都是量级序列中的极端成员，但 S_3 中的"个"总是表示对 VN 事件价值小的主观评价，而 S_1 中"个"为普通个体量词，在 N 和其他名词所形成的量级序列中 N 有时处于最低端取最小值，如例（14）、例（15）中的"针""树叶"（最轻）；有时位于最高端取最大值，如例（16）中的"癞蛤蟆"（最可怕）、例（17）中的"茶杯"（最可能发出声音）。这从另一个角度说明 S_3 中"个"的辖域为 VN，能赋予其价值小的意义；而 S_1 中"个"的辖域为 N，只是个普通量词，N 的取值取决于外部语境——连字句。

5.2.2　S_3 + 算啥……

S_3 常与"算啥""不算什么""没什么大不了"等表示轻视、不重要等评价意义的词语同现，S_3 在句中作主语，"算啥"等词语直接对 VN 所表示的事件作出评价：价值小、难度小、严重性程度低等，跟 VN 相比，说话人使用 S_3 有把 VN 事件的价值（重要程度）、难度、严重性（破坏性）等有意往小里说的意味，如：

（20）兴许大人不给钱，<u>吃个瓜</u>算啥，瞧你把人家孩子说的！（冯骥才《一百个人的十年》）

例（20）中"吃个瓜"不是指"吃一个瓜"，事实上"吃瓜"的数量是"一个"还是"多个"说话人并不关心，说话人使用"个"主要表达对"吃瓜"这一事件严重性的主观评价："小孩吃瓜"这件事并不严重，大人不需过多地责备。"吃个瓜"中的"个"不是个体量词而是主观评价标记词，这从例（21）中可以得到很好的证明：

（21）你要是饿了渴了，<u>吃个瓜</u>不算什么，就是不该<u>偷</u>。（孙犁《风云初记》）

此例中"吃个瓜"与"偷"相对照出现，说明说话人是在比较"吃瓜"和"偷瓜"两件事，认为"吃瓜"事小，"偷瓜"事大。相对于"偷瓜"而言，说话人认为"吃瓜"确实没有什么关系，所以使用了事件小量标记"个"，显然这个"个"不是一般的量词，"吃个瓜"也不是"吃一个瓜"，即便是吃了两个、三个或是更多，也都可以用"吃个瓜不算什么"来表达，不管"瓜"的个体数量有多少，说话人都认为"吃瓜"这个行为是小事。因此，我们一般不会说：

（21）′＊你要是饿了渴了，<u>吃瓜</u>不算什么，就是不该<u>偷个瓜</u>。

下面几例中的"个"也是表达对VN事件的主观评价：

（22）祝无双：喔哟，<u>摔个碗</u>算什么啦？（《武林外传》）
（23）不管怎样，<u>刷个牙</u>算什么错！（路遥《人生》）

对于例（22），我们还可以补足相关语境，看出作者使用"个"的用意：

（22）′<u>摔个碗</u>算什么，没把屋掀了就是好的了。

S₃中的"个"还可以对事情的价值、重要性、难易度等方面作出评价，如：

（24）再说，<u>打个胎</u>也不是什么大不了的事。（陈建功、赵大年《皇城根》）
（25）他奶奶的，交朋友就交朋友，<u>交个朋友</u>有什么了不起。（古龙《英雄无泪》）
（26）<u>养个孩子</u>没什么大不了的。（翻译作品＼文学＼飘）

以上三例中"个"表示对说话人而言，"打胎"是件微不足道的小事，"交朋友"也不是多么重要的大事，"养孩子"更不是一件难事。"个"的使用与后续成分"不是什么大不了的事""有什么了不起""没什么大不了"相互映衬，协同表达 VN 事件的小、不重要、简单、容易等主观评价。

同样地，"个"评价的是 VN，而不是修饰限定 N，"个"前不能自由增添指示代词或数词，如例（26）：

> *养这个孩子没什么大不了的。
> *养四个孩子没什么大不了的。

有时，"V 个 N"前出现数词时，形成"V + 数 + 个 + N 算啥/没什么大不了"的结构形式，该结构有相应的比较项"V + 数 + 个 + N"存在，如：

> 养一个孩子算得了什么，想当初我养了十个孩子。
> 吃两个瓜没什么大不了的，我能吃十个。

如果"V 个 N"中"个"前能自由增删数词，该结构就是 S_1 而不是 S_3，用在句式"……算啥"中，"个"为普通量词，"算啥"等评价的是 N 数量的多少，而不是 VN 价值的大小。这一点从二者比较项的差异可以看出来。

另外，表示既成事实的结果性的动宾结构所形成的"V 个 N"也是 S_1，此时的"个"就是"一个"，如：

（27）在'满洲国'，死个劳工真不算啥，扔到冰窟窿里就算完事。（周立波《暴风骤雨》）

（28）他有枪，他敢放，打死个巡警算得了什么呢！（老舍《我这一辈子》）

因为"死"和"打死"是结果性动词和词组，而且"一个劳工死了"和"打死个巡警"都是既成性事实，"个"也就是"一个"。

5.2.3　S_3 + 什么的

S_3 也常常与"什么的"共现，《现代汉语八百词》中对"什么的"的解释是："什么"加"的"用在一个成分或几个并列成分后，等于"等等"，用于口语；也可以用在一个成分后，表示一类。如：

他不喜欢下棋什么的，就爱打篮球。

桌子上摆着一碟菜，还有酒杯、酒壶什么的

货架子上放满了白菜、萝卜、柿子椒什么的。

吕叔湘在《现代汉语八百词》中也注意到了"V个N"后加"什么的"时的特殊用法：

"动＋个＋宾"常常两个连用，有时还在后面加"的"或"什么的"。整个语句显得轻快、随便。

他就爱画个画、写个字什么的。

是否所有的"V个N"结构后加"什么的"都能使语句显得轻快、随便？显然不是，某些"V个N什么的"中的"个"仍然是普通量词，"什么的"的作用只是对"个"后N的列举，如：

（29）如果没有火种，<u>带个小锣什么的</u>也成，因为它也害怕锣声。（报刊＼读书＼vol－050. txt）

（30）一本他心爱的书，总要自己动手替它们另外打扮一番，<u>加个封面或加个书套什么的</u>，乐此不倦，俨然是一位小小装帧设计家。（报刊＼读书＼vol－034. txt）

（31）也不要这样零零星星地捐，应该把钱一个个攒起来，积累到一定数目后，<u>搞一个"伍纯道纪念馆"或"基金会"什么的</u>，这样可以扬名百世，千古传颂，那才值得。（报刊精选＼1994＼05. txt）

例（29）中"带个小锣什么的"是指"带个小锣或者其他跟小锣类似的东西"，"个"有实指的对象，"带个小锣什么的"就是"带一个小锣什么的"省略数词"一"的形式；例（30）、例（31）中出现了并列对举的两个名词，说明"个"也是普通量词，例（31）中直接出现了数词"一"，更充分地说明了这一点。

在"个"为普通量词时，"V个N什么的"中的"V个N"为S₁，当"个"脱离个体量词的用法，用来评价VN这个整体事件时，"V个N什么的"中的"V个N"就成了S₃。

吕叔湘（1984）曾提到过动宾结构中一个"个"字管几个名词的现象：

(32) 在街上做个买卖儿——卖个糖啊，酸枣儿啊，橘子、苹果、鸭儿梨啊什么的。(陈士和《云翠仙1》)

"个"在这里并不管辖几个名词，做买卖不可能只卖"一个"酸枣、橘子……，"个"自然不修饰后面一连串的名词，而是对整个 VN——"卖糖、酸枣、橘子什么的"的评价。从卖的东西来看，做的应该是小买卖，说话人就使用了"V 个 N"形式。类似的例子还有：

(33) 郭大柱难住了，<u>画个太阳、葵花、黑板报刊头什么的</u>，还将就一气，要<u>画大幅油画</u>，那可是画家的事。(邓刚《阵痛》)

与前文提到的 S_3 与 S_1 的区别相似，S_3 中"个"的作用对象是 VN 而不是 N，而且已脱离个体量词转而表达对 VN 的主观评价。下面的用例中"V 个 N"都是 S_3 而不是 S_1：

(34) 让哥哥留下来照顾父母，好帮父母<u>买个煤什么的</u>。(刘杨《外婆》)

(35) 他家里有自己的铣床和磨床，<u>修个水龙头什么的</u>从不请钳工。[读者（合订本）.txt]

(36) 论<u>打整个牲口</u>，<u>铡个草什么的</u>，他还得让我哩。(孙犁《风云初记》)

"S_3 什么的"中的"个"可以删除，形成"VN 什么"结构形式。与"V 个 N 什么的"不同的是，"VN 什么的"结构只是客观描述一般性的活动，不包含说话人对 VN 所代表的事件的主观评价，纯客观的叙述一般不使用 S_3，如：

(37) 那时候赵三锁刚当上支书，一心只想让群众吃饱饭，对<u>办厂什么的</u>毫无兴趣。(孙方友《官司》)

(38) 即在他被捕之后，我们几个朋友谈起还想用一个特别的办法，囚禁着他，但使他工作着，从事于<u>翻译希腊文学什么的</u>。(郑振铎《惜周作人》)

例（37）中 VN 作介词宾语，整句是一种客观叙述，不需要对"办厂"作主观评价，没有加"个"；例（38）只是说明主人公"他"从事的行业，动词"从事"也是个正式的书面语词，客观性较强，其后的动宾结构不需要插入主观性标记"个"。

S_3 中的 VN 在说话人看来一般都是轻松且容易做到的小事，某些难以实现的动作行为一般也不用 S_3 结构，如：

（39）尽管工资袋中的数量有所增加，可仍然还是入难敷出，至于<u>购车买房置地什么的</u>，就更成了天方夜谭。（市场报 1994A. txt）

（40）"这恐怕有点难，还要<u>办手续什么的</u>……在大陆办这种手续呀……"（谌容《梦中的河》）

例（39）中"购车、买房、置地"等活动"成了天方夜谭"，说明对说话人而言难以实现；例（40）中"办手续"也绝不轻松，这些动宾结构中都不能加"个"，不能使用 S_3 结构。

"V个N什么的"中"个"表达对 VN 事件的评价意义，这从与"VN什么的"结构的比较中看得很清楚，很多"VN什么的"结构中都可以插入"个"，二者的差别就在于插入"个"后整个句子增添了"轻松""随意"的色彩，如：

（41）A. 这之后，林某就自然而然地坐进了所谓的《凡人文集》编委会的办公室内，替顾政<u>回电话，接收汇款什么的</u>。（他他、谷雨《〈凡人文集〉大骗局》）

B. 这之后，林某就自然而然地坐进了所谓的《凡人文集》编委会的办公室内，替顾政<u>回个电话，接收个汇款什么的</u>。

（42）A. 常被人请去<u>排文娱节目或主持知识竞赛什么的</u>，她的社交范围很广，而且越来越广。（报刊精选 \ 1994 \ 04. txt）

B. 常被人请去<u>排个文娱节目或主持个知识竞赛什么的</u>，她的社交范围很广，而且越来越广。

以上两例中 A 组"VN什么的"都是客观的叙述，而 B 组 VN 中插入"个"之后，VN 所代表的事件或活动都带上了轻松、随意的色彩。

"V个N什么的"中"V个N"常与动宾重叠形式"VVN"共现，如：

（43）每天还跟着她家姐学认字，少的三个、五个，多则十个、八个不等，慢慢地也能念木鱼书，<u>翻翻通书，写个字条儿什么的</u>了。（欧阳山

《苦斗》)

"V 个 N"常与"VVN"共现说明二者在整体功能上是相似的，这从另一个角度说明此时的"V 个 N"中"个"是对 VN 整体的评价而不是对宾语名词 N 的评价。

5.2.4　S₃ + 罢了……

S₃ 常与小量标记"罢了""而已""不就（是）""也就（是）"等同现。

《现代汉语八百词》对"罢了"的解释是：用在陈述句末尾，表示如此而已，有把事情往小里说的意味。如：

（44）只不过写错几个字罢了，有什么可大惊小怪的。

在说话人看来"写错几个字"并非严重的大事，"罢了"把事情的严重性降低弱化了。

"罢了"等词也常位于"V 个 N"后，表达对 VN 这件事的主观评价：

（45）卡拉蒙漫不经心的乱瞄，心想着没啥大不了的，顶多就是看个日出罢了。(《龙枪传奇》)

"看个日出罢了"说明在卡拉蒙看来"看日出"这件事的价值小，并不重要。"个"也不是量词，我们不说"看一个日出""看两个日出"，它的作用同"罢了"一样也有把事情往小里说的意味。

"不就（是）""也就是"具有与"罢了"类似的功能，也是主观小量标记，前者主要用在反问句中，后者用在陈述句中。"不就（是）/也就（是）V 个 N"表示 VN 价值小，不值一提，如：

（46）他现在威风了，他不就是喂个牲口吗？（刘震云《故乡天下黄花》）

（47）姐夫，两个刁民，没有大事情，也就看个马，放了他们吧！（刘震云《故乡天下黄花》）

以上两例中"V 个 N"都有相关的表达 VN 不重要、不值一提的照应成分：例（46）"他威风"后直接用"不就是喂个牲口"来加以讽刺，说话人认为"喂牲口"这种事并不是多么"威风"的事；例（47）中"看个马"与"没有大事情"的对照可看出对说话人而言"看马"确实不是什么大事。

与"V个N"共现的"罢了"等小量标记都有把VN所代表的事情的价值往小里说的作用，这与"V个N"中"个"对VN的主观评价作用是一致的，二者的区别仅在于"个"位于VN结构内部，而"罢了"等标记词位于VN结构外部。

这里还有一点需要提到的是，并不是所有与"罢了"等标记词共现的"V个N"结构一定就是S₃结构。S₁有时也能出现在这种结构中，S₁、S₃在这些语境中表层形式相同，但内部结构规则与"个"的功能存在着质的不同。如：

（48）不就是多吃个苹果吗？（市场报1994B. txt）

例（48）中"个"为普通名量词，其前省略了数词"一"，"不就是……吗"是对"多吃个苹果"的小量评价，数量形容词"多"也说明了"个"的量词性质。

有时"V个N"属于S₂和S₃的兼类：一方面"个"有表示动量的作用，另一方面"个"也包含了对VN事件的评价作用，认为VN价值小，不重要，不值一提，或者说并不严重等，如：

（49）不麻烦，打个电话罢了。（岑凯伦《还你前生缘》）
（50）这封信里都只有三五句话，话也平常，字也简单，汪永富看得懂，是报个平安而已。（陆文夫《人之窝》）
（51）没有这么严重，见个面而已！[唐颖《糜烂（连载之六）》]

5.2.5 常常/总/时时/不时/整天/成天 + S₃

S₃还常与"常常""总""时时""不时""整天""成天"等表惯常性的副词和时间词共现。

"V个N"与"常"等副词共现，有时是单个出现，有时是两个或多个并列出现，VN是经常发生的规律性小事。从我们的认知经验来看，经常发生或出现的事对我们而言是司空见惯的，一般就是小事，举个很简单的例子：出国对一般人来说不可能经常发生，因而出国是大事，而对国家元首或外交人员来说，出国是经常发生的，对他们来说出国并不是什么大事。经常做的事也绝不可能是很难做的事，"熟能生巧"就是这个道理。

与"常"等惯常性词语共现时，"V个N"中的"个"常用来表示VN这件事小，它可以从两个方面来理解：一方面事情小做起来容易、轻松、愉快，另一方面事情价值小、微不足道或者不值得做，如：

（52）过去他给孙家当佃户时，每到秋季，常到东家来送个瓜枣，有时还帮东家扬场。（刘震云《故乡天下黄花》）

（53）海边生长的孩子，到海边去总要背个小竹篓，捉个螃蟹，拾个活贝，钓条小鱼。[读者（合订本）.txt]

（54）1957年前，他的工资还是很高的，不时下个馆子。（报刊精选\1994\06.txt）

（55）晚上没事时，他就领我们到卡拉OK厅去唱个歌儿。（人民日报\1993\R93_10.txt）

（56）小冯夜里躺在床上说，整天喂个马不是个事，多咱咱也出去闯荡闯荡……（刘震云《故乡天下黄花》）

例（52）"送个瓜枣"中"个"的使用说明"送瓜枣"是微不足道的小事，例（53）至例（55）中的"V个N"结构都表明VN所代表的事情做起来轻松、愉快，例（56）中的"喂个马"直接表达说话人对"喂马"的轻视，在说话人看来"喂马"价值小根本不值得关注，不值得当作一件有意义的事。

当然，与"常"等高频率副词搭配的"V个N"不一定就是S_3，有时是S_1，如例（53）中第一个动宾结构"背个小竹篓"中的"个"就是普通的量词，这个动宾结构表示每次去海边"捉螃蟹""拾活贝"等时所伴随的静止的行为状态。

因为"常"等副词修饰动词性成分时，一般都表示动作行为反复不断地发生，"V个N"中的"个"不大可能理解为动量。周娟（2007）注意到频率副词对动词与动量词"次"组合的影响，认为一些表示行为动作不断发生的高频副词，如"经常""常常""时常""老（是）""总（是）"等，不能与"V次"结构构成合法匹配。例如：

（57）妹妹在家看了三次电视。

＊妹妹在家经常看三次电视。

出现这种情况的主要原因在于动词与"数＋次"的组合着眼于动作的离散性，而"经常"等与动作的组合，着眼于动作的频率，二者在同一句法结构中不可调和。"妹妹在家经常一天看三次电视"兼顾了二者的属性特征，因而整个句子就是合法的了。"V 个 N"表示动量时与"V（一）次N"一样，不大与"常"等表惯常性的词语共现。

5.2.6　爱/好/喜欢 + S₃

"爱"等心理动词可后接动词性成分，构成连谓结构，但一般不和动量名结构搭配使用，如：

我爱吃苹果　＊我爱吃个苹果。
我爱打篮球　＊我爱打一次篮球。

这与认知中的"有界"和"无界"有关，"爱"是个无界的动词，而数量词无论是名量词还是动量词都是有界的，二者一般不在线性序列上共现。但在实际语料中却大量存在着"爱/好/喜欢 + V 个 N"结构，这说明"个"既不是名量词也不是一般的动量词，此时的"V 个 N"结构是S₃，如：

（58）我这个人心里不存话，爱发个牢骚，爱发牢骚就是重点对象。（张正隆《雪白血红》）

（59）要说为玩玩的话，我还是爱和老头老太太们凑个小牌，一边说着家长里短的，一边手也不闲着。（老舍《残雾》）

（60）听我爷说，他年轻时，是个棉花锤，走一路弹一路，到哪都勾人家女人，好串个小场。（李佩甫《羊的门》）

（61）也像你一样，喜欢给老师挑个错跟老师作个对。（王朔《我是你爸爸》）

例（58）中的"爱发个牢骚"不是"爱发一个牢骚"，更不是"爱发一次牢骚"，"个"是个主观评价的标记，说话人有意把"发牢骚"说得轻松、随意，后面小句的主语"爱发牢骚"是客观叙述对象，所以就没有插入"个"；其他几例中"个"也是主观表达对 VN 价值的评价，例

（59）、例（60）"凑个小牌""串个小场"中的形容词"小"更进一步说明 VN 是轻松、随意的小事；例（61）"挑个错"和"作个对"说明这些是经常做的小事，且说话人有意把它们说得很轻松、很随意，并没有什么严重后果。

5.2.7　S₃ 和重叠形式共现

S_3 也常和重叠形式"VVN"共现，二者的语法意义有相似之处，如：

（62）"不要卖、卖半导体，留着听个歌儿，解解闷……你要钱，我，我借你……"（张抗抗《白罂粟》）

（63）十几岁当兵打仗起，脚是洗过，但那都是行军走路乏了，烫烫脚，解个乏。［邓一光《我是太阳（节选）》］

（64）靠墙一蹲，不是晒太阳，就是拉闲话，而是有事没事市场上走走，摸个信息，了解个行情，于是出现一批致富能人，这些人，成为庄稼人学习的榜样。（人民日报 \ 1994 \ 94Rmrb3. txt）

（65）我除了做农活，还能织织布，打个短工。（梁斌《红旗谱》）

5.2.8　其他情况

有时 S_3 的出现没有明确的形式标记，如：

（66）平常时候，写个字谁不能啦？（赵树理《李家庄的变迁》）

（67）打个针有那么痛吗？（百度语料）

（68）郭大娘还是有生以来头一回听说奶个孩子，有这么复杂的学问。（李国文《月食》）

（69）写个论文这么费事。

以上 4 例中"V 个 N"都作为话题成分，且都包含一个预设义：VN 所代表的事件简单、容易、不值得大惊小怪或不值一提。具体来看：

例（66）中"写个字"表明在说话人看来，"写字"是一般人都能做的简单的事；例（67）中说话人认为"打针"并不是什么大不了的事，不可能会很痛；例（68）中，"郭大娘"原以为"奶孩子"是件简单的小事，但没想到"有这么复杂的学问"；例（69）之所以说"写个论文"是因为在说话人看来"写论文"本是件容易完成的轻松的事，但没想到"写论文"这么费事。

如果将例句中的"个"删除，这一预设义消失，VN 只是作一般的话题成分，试比较：

(66)′ <u>写字</u>谁不能？
(67)′ <u>打针</u>有那么痛吗？
(68)′ <u>奶孩子</u>有这么复杂的学问。
(69)′ <u>写论文</u>这么费事。

某些光杆形式的 VN 作话题成分时，整个句子与"V 个 N"组成的句子的理性意义是完全相同的，如例（66）和例（66）′都表达"谁都能写字""写字并不难"这样的意义，但"V 个 N"中"个"所包含的对 VN 的主观评价作用能以预设的形式存在，这一预设形式包含了说话人的主观态度和评价。有时这一特殊的功能使"V 个 N"作话题成分时能增加一种特殊的表达效果，如例（68）和例（69）都表达了一种心理预期与事实相反的冲突，"奶孩子""写论文"在预设中都是简单、轻松、容易的小事，事实中却并不是这样。去除"个"后 VN 作话题成分形成的例（68）′和例（69）′就只是一般的客观叙述句，没有这种特殊的、反预期的表达功能。

S₃作话题成分常常用来表达说话人这种预期和反预期的心理冲突，类似的例子还有：

(70) <u>倒个水</u>倒这么长时间。

我们比较没有"个"的 VN 的对应例句：

(70)′ <u>倒水</u>倒这么长时间。

例（70）中说话人认为"倒水"是很快能完成的小事，而听话人却"倒了这么长时间"，正是由于"个"的使用，造成了说话人心理预期与现实的强烈反差。而例（70）′中"倒水"就没有这种心理预期，整个句子就是一个很普通的疑问句，不能反映说话人预期和反预期的心理冲突。

综观 S₃出现的外部句法环境，我们可以看出它们大都为非事件句及主观评议句，它们对 S₃特殊语法意义的形成有非常重要的作用。S₃的本质意义是什么？与 S₂、S₁相比有什么特殊性？这一特殊的语法意义是怎么产生的？我们接下来讨论这些问题。

5.3　S₃隐性量意义的具体体现

S₃从本质上来看，是一个对 VN 的"质"进行评价的隐性量结构，"个₃"就是这种隐性量的主观评价标记。

S₃对 VN 的"质"的评价主要体现为价值的高低、价值的大小等，S₃中的 VN 大都是说话人认为价值低、价值小的事件。我们在上文具体分析"V 个 N"出现的句法环境时已经提及了这方面的内容，但未对其语义作系统的归类。我们结合前面的分析，进一步总结归纳 S₃对 VN 价值高低大小的主观评价的具体体现。

S₃对 VN 价值的判断主要体现在如下五个方面：

（1）事件的难易度方面。

容易做到的事价值量小，不容易做到的事价值量大。大部分 S₃都是对事件的难易度进行评价，S₃中的 VN 在说话人看来一般都是容易做到的事，在价值量上取小值。如：

（71）她工作有什么了不起，不就是在银行里替人家<u>点个钱</u>吗？（《中国式离婚》）

因为"点钱"在说话人看来很简单，不值一提，自然价值不大，没什么了不起。

这种事件的简单容易是说话人的主观评价，说话人认为容易的事客观上并不一定容易，如：

（72）孙悟空一个跟头十万八千里，我<u>爬个墙</u>都费事。（王朔《看上去很美》）

对一般人而言，"爬墙"并非轻而易举就能做到的小事，但对于能"一个跟头十万八千里"的孙悟空而言无疑就是小之又小的事了，这个"爬墙"是相对于孙悟空而言的，所以用了小量标记"个"。

事件容易做到自然是轻松的事，所以 S₃中 VN 所代表的事件在说话人看来是轻松的、悠闲的，如：

（73）我多希望他能像别人的先生一样，陪太太逛逛街，吃吃小馆，

看个电影，偶尔买花送我，随时亲我一下……［读者（合订本）. txt］

（74）今年他整七十岁，在家成天养个花，弄个草。（张贤亮《肖尔布拉克》）

（2）事件的重要性方面。

重要的事价值量大，不重要的事价值量小，S₃中的 VN 在说话人看来一般都是不重要的事，在价值量上取小值。如：

（75）政协知道我的情况，就叫我去帮忙，查资料，抄抄写写，跑跑腿，送个信儿，一个月给二十块钱，总算做点有报酬的事了，心里美滋滋。（冯骥才《冯骥才》）

"送个信"在说话人看来只是去"帮忙"，并不是多重要的事，"个"加强了这种主观评价作用。

（76）崔永元：二老这么多年了，为了看个电视不值得。（《实话实说·昨天今天明天》）

崔永元认为"看电视"是件鸡毛蒜皮的小事，为了这种不重要的小事吵架不值得，所以使用了"V 个 N"结构。

（3）事件的平常性方面。

一般来说，平常的事价值量小，不平常的事价值量大。每天发生的事、经常做的事都是习以为常的事，价值量就不大，很少发生的事才是大事，价值量相应也大。新闻报道之所以引人关注，就是因为报道的都是新鲜的事、较少发生的事，这样的报道包含了更多的信息，有更重要的价值。S₃中的 VN 对说话人来说一般是经常发生的事，价值量较小，如：

（77）你想，这耕个地耪个地是日常的事，怎么能老是糟销他们！（梁斌《红旗谱》）

（4）事件的社会评价方面。

每个社会集团对事件本身都有好坏的判断，人们对这些事情的判断依据与社会道德、社会心理趋向有密切关系，如在中国人心目中，见义勇为、乐于助人的行为就是好的行为，自私自利、偷盗等行为就是不好的行为，好的行为能得到社会的尊重和认同，社会价值高；不好的行为受到人们的轻视，社会价值低。S₃中的 VN 有时表达社会价值低的行为，如：

(78) 那人从小就好偷个鸡、摸个狗的。

例（78）中"个"的使用能看出说话人明显的鄙视倾向。

（5）事件所导致的后果的严重性方面。

人们实施某个行为动作会产生一定的社会影响力，有时还会产生不良的后果。后果的严重性越强，事件的影响性越大，价值量越大；反之，价值量越小。如果说话人认为某一动作行为所导致的后果并不严重，或者有意将这一后果的严重性降低，就会使用"V 个 N"形式。如：

(79) 后来他被抓了，他愿意被抓，不就判个刑嘛！（百家讲坛 \ 040310 – 040421 \ 4 月 14 日）

(80) 反正就是他的女儿，丢个脸也没什么的。（老舍《骆驼祥子》）

例（79）中说话人认为"判刑"并不会有多么严重，例（80）中一般人认为"丢脸"可能是件很难堪的事，但插入"个"后说话人有意将这种严重性降低，"丢脸"也没什么。

S₃结构中 VN 的价值小、价值低主要体现在以上五个方面，这五个方面之间也有一定的关联。日常发生的事一般也是容易做到的事，习惯性地每天都做的事一般也不可能是最重要的事。这几个方面共同体现了人们对事件属性的量的评价，平时我们所说的"大事""小事""重要的事""不重要的事""高雅的事""低俗的事"都是我们对事件本身的价值量的评价。当然，人们对事件的价值量的评价远远不限于这些，对于"V 个 N"所表达的对 VN 价值量的评价的表现方式，我们无法作出穷尽性的概括，姑且用"价值量"这一概念包含了所有与 VN 有关的抽象的"量"的评价因素。

总的说来，"V 个 N"本质上是一个表达 VN 价值小量的隐性量结构，说话人主观认为结构中的 VN 所代表的动作行为具有如下的一个或者几个特点：

（1）是一件简单、容易做到、容易实现的事；

（2）是一件轻松、悠闲的事；

（3）是一件经常发生的、普通的小事；

（4）是一件不重要的、不值一提的小事；

（5）是一件社会价值低，人们看不起的事；

（6）是一件后果并不严重的事。

"个"是帮助表达 VN 事件价值小量的主观性标记词。

5.4　S_3的形成动因

我们前面提到，从 S_1 到 S_3，"个"从普通的个体名量词转变为特殊动量词，再转变为主观量评价标记，"个"的意义越来越虚，在 S_3 中发展到极致，"个"有时完全可以从"V个N"结构中删除，如例（4）至例（7）。从 S_1 到 S_3，从"个₁"到"个₃"，这中间经历的是一个语法化和主观化的过程，促使"个₃"形成的动因主要有两个方面：

5.4.1　外部动因——语言的主观性

"主观性"（subjectivity）是指语言的这样一种特性，即在话语中多多少少总是含有说话人"自我"的表现成分。也就是说，说话人在说出一段话的同时表明自己对这段话的立场、态度和情感，从而在话语中留下自我的印记（Lyons，1977）。从 S_1 到 S_3，"个"从普通名量词发展为主观量评价标记，与语言的主观性密切相关。

通过对 S_3 出现的句法环境进行考察，我们发现 S_3 出现的语用环境非常特殊，该结构出现的句式可大致分为两类：非事件句和主观评议句。

非事件句以惯常句（常 + S_3）、心理动词句（爱/喜欢 + S_3）、举例句（S_3 + 什么的）为代表，这类非事件句不以叙述客观的动作行为的发生为重心，不能表达具体的、完整的事件。

S_3 不表达具体的事件，"个"在结构中既不个体化抽象事物（一个 N），也不个体化抽象活动（一个 VN），"个"的个体化功能的消失为"个"的主观性用法创造了条件。

主观评议句以"（连）S_3 都/也/还……""S_3 + 算啥/有什么了不起/不算什么……""不就是 + S_3 吗？""S_3 + 罢了（而已）"为代表，这些主观评议句都涉及对相关对象的"量"的评价。

我们认为，"V个N"中"个"的主观性功能的产生与该结构出现的语用环境有很大的关系，一方面"非事件句"的性质抑制了"个"客观的个体化表达功能，另一方面"V个N"结构更多地出现在主观评议句中，这些主观评议句能赋予"V个N"结构主观评价功能，这种功能正好满足了说话人对 VN 价值量评价的表达需要。

有时，同样的"V 个 N"结构在不同的语境中意义理解完全不同，如：

(81) 吃个苹果有什么了不起的？

该例与"我想吃个苹果"中的"吃个苹果"分别出现在评价句和非评价句中，"个"的性质和功能有很大的区别，前者为 S_3，而后者为 S_1。

5.4.2　内部动因

5.4.2.1　"一"的省略和虚化

从 S_1 到 S_3，"个"从普通量词转变为主观量评价标记，"V 个 N"中"个"前数词"一"的省略和虚化是最关键的一环。"个"前"一"的省略使"个"摆脱其后 N 的束缚，从个体化 N 转移到对 VN 的评价，最终脱离个体量词范畴。

试比较：

(82) A.（这么大的小孩）吃一个苹果有什么了不起的。
　　 B. 吃个苹果有什么了不起的。

A 句因为有数词"一"的存在，评价性成分"有什么了不起的"的评价对象为"苹果"的数量——"一个"，言外之意为"一个"量少，比较对象为"两/三/四……个"，"个"为"个$_1$"，在句中"一个"重读；B 句没有数词"一"，评价对象不在"一个"而在"吃苹果"这件事，"苹果"的数量说话人并不关注，言外之意为"吃苹果"是件小事，微不足道或不值一提，"个"为"个$_3$"，在句中不能重读。

当数词"一"在"V 个 N"结构中省略后，"一"的量意义从 N 转移到 VN，从最小正整数意义虚化为 VN 的价值小量，从客观准确的量虚化为主观模糊的量，从外显的显性量虚化为内蕴的隐性量，且这种量意义的承担由"一个"转移为"个"，"个$_3$"由此形成。杉村博文（2008）也指出，"V 个 N"来源于"V 一个 N"，据此我们认为，"个"的贬值功能主要来源于最小量"一"。

5.4.2.2　"个"的特殊性

"个"的特殊性首先在于它的高频使用。根据《现代汉语常用字表》，

"个"的使用频度排在全部词汇的第 17 位，然而在前一百个常用词中没有其他专门量词（石毓智，2004）。"个"的高频使用是它发生语法化现象的重要条件，所有量词中"个"的语义漂白（semantic bleaching）最彻底，通用性最高（杉村博文，2006）。

在"V 个 N"结构中，"个"因为语义使用的空泛，使它与其后 N 之间的关系变得松散，可游离于 N 而成为非量词成分，转而成为评价 VN 价值量的标记，而其他普通个体量词一般不具备这种功能，试比较：

（83）A. <u>吃块／包／盒饼干</u>有什么了不起。
    B. <u>吃个饼干</u>有什么了不起。

虽然从整体上看 A、B 两句的理性意义都是认为"吃饼干"并不是什么了不起的大事，但从内部结构来看，二者仍然存在不小的差别：A 句个体量词"块"等在结构中仍然具有个体化、量化"饼干"的作用，而 B 句中"个"主要评价"吃饼干"是件小事，而与"饼干"的具体数量无关。

另外，"个"的语义空泛使与它搭配的名词几乎没有什么特别的限制，在"个"后 N 不能受个体量词修饰时，"个"仍然能在表层形式上位于 N 前，这使得大量的 VN 结构都可以插入"个"形成 S₃，而"个"这一特殊表达功能也非一般个体量词所具有。

5.5 小 结

本章讨论"V 个 N"结构的第三种形式 S₃ 出现的句法环境、构式的本质意义、"个₃"的功能和性质及 S₃ 形成的动因等几个问题。

与 S₁、S₂ 相比，S₃ 在外部句法环境上有着明显的特殊性，经考察发现，S₃ 常出现在连字句中，常与"算啥""什么的""罢了""常""爱／好／喜欢"等词语及"VVN"等重叠形式共现，有时也作句子的话题成分。

S₃ 从本质上来看是一个对 VN 所表示的事件的"质"进行评价的主观隐性量结构，这种"质"的评价主要表现在说话人主观上认为 VN 所代表的事件价值低、价值小，这种对价值的评价主要体现在事件的难易度、重要性、平常性、社会评价值、所导致的后果的严重性等五个方面。S₃ 中的"个₃"是一个主观隐性量的标记词，在结构中具有帮助表达 VN 价值量小的功能。

S₃ 形成的动因在于语言的主观性，"V 个 N"结构从 S₁ 到 S₂ 再到 S₃ 是一个典型的"主观化"过程，结构中越来越多地表现出说话人对 VN 事件的主观评价因素。S_3 出现的句法环境大都为非事件句，S_3 所在的部分句式也是主观评议性的句子，S_3 在这些主观性句式中反复不断地出现，说话人通过语用推理（pragmatic inference）赋予了 S_3 主观性表达功能。

S_3 隐性量构式的形成和产生与 S_2 有密切的关联，S_2 是"V 个 N"结构从显性量到隐性量的过渡形式，S_2 中"个"摆脱了个体量词修饰名词的束缚，把管辖和约束的对象扩展到整个 VN，这是 S_3 中"个"实现对 VN 事件价值量评价的基础和首要环节。从整体来看，"V 个 N"结构从 S_1 到 S_3 既是一个"主观化"过程，也是一个从显性表量到隐性表量的过程。

6 "V个VP" 构式（S$_4$）的隐性量 表达——主观异态量

6.1 引 言

我们所指的 "V个VP" 是现代汉语口语中经常使用的句法格式，如：

（1）玩个痛快　问个明白
（2）调查个一清二楚　打扫个一干二净　翻个底儿朝天　吃个肚儿圆

赵元任（1979）、朱德熙（1982）、游汝杰（1983）、邵敬敏（1984）、宋玉柱（1993）、祝克懿（2000）、张谊生（2003）、石毓智（2004）都对此结构有所讨论。该结构中 "个" 具有体词化的功能，我们把它看作 "V个N" 的变体形式（简称为 S$_4$）。

S$_2$、S$_3$ 中的 "个" 已经脱离了一般名量词的用法，而 "V个VP" 中 "个" 后接谓词性成分使 "个" 离量词的用法越来越远。我们前文中探讨了 "V个N" S$_2$、S$_3$ 隐性小量的特征，本章试图探讨 "V个VP" 所具备的量的特性。

6.2 S$_4$ 的隐性量特征

6.2.1 "V个VP" 结构的语义类型

述宾结构 "V个VP" 从动词 V 和宾语 VP 的语义关系来看，主要可以分为如下几类：
（1）宾语表示动作行为进行的方式。

（3）"同志！来，喝个碰杯！"

"个"后谓词性成分"碰杯"是"喝"的具体进行方式，方式宾语可以用"以……方式来 V"的格式进行转写。

（2）宾语表示动作行为的目的，可以用"为了……而 V"的格式来转写。

（4）没有意外就没有冷门，没有冷门就没有刺激，赛马本来就<u>赛个刺激</u>！

"赛个刺激"的意义是"为了（追求）刺激而赛"。

（3）宾语表示动作行为进行的时机，可以用"趁……时候 V"的格式来转写。

（5）握了对方这一心理，乘势而入，脸不红，心不跳，轻轻巧巧<u>"宰"你个不知不觉</u>。

（4）宾语表示动作行为进行的原因，可用"因为……而 V"的格式来转写。

（6）算是<u>罚我个包揽闲事</u>。

（5）宾语表示动作行为的受事，可以用"V 个什么"的方式提问。

（7）如今不仅<u>买了个明白</u>，还买了份"教材"呢！
（8）这次比赛整体水平不高，只能说咱们<u>拣了个便宜</u>。

以上两例可分别用"买个什么""拣个什么"来提问，例（7）中"买了个明白"和"买了份'教材'"对举使用，也间接说明"明白"与"教材"等同的受事特性。

（6）宾语表示动作行为进行后的结果。

（9）孙秉仁被<u>骂了个头昏脑涨</u>。
（10）他自修过 3 遍体院课程，凭的是初中文化的老底，把教材<u>琢磨个滚瓜烂熟</u>。

例（9）中"头昏脑涨"是主人公被骂后的结果，例（10）中"滚瓜烂熟"是"他"琢磨教材后的结果。

"V个VP"结构内部的语义关系与一般动宾结构一样非常复杂。同样的V和不同的VP组合或者同样的VP和不同的V组合都有可能表达不同的语法意义，如：

（11）她真想扑在他怀里哭个痛快。

（12）马汉子说给个痛快，谁都清楚他选择的是砍头，刀起头落，痛痛快快。

例（11）中"哭个痛快"是结果宾语，表达的语义是"哭了之后达到痛快的状态"，例（12）中"给个痛快"是受事宾语，表达的语义是"给一个痛快的死的方式"。

同样的"V个VP"形式，也有可能表达不同的语法意义，如：

（13）躺了一会，想起那一捆鲜嫩的青菜，应该当天送到吴家，吃个新鲜。

（14）在全球各地销售400万只，"呱呱包"进入大陆，人们喜欢猎奇，吃个新鲜，尝个"风味"。

例（13）中"吃个新鲜"是时机宾语，表示"趁新鲜的时候吃"，而例（14）中的"吃个新鲜"却是原因宾语，表示"因为新鲜而吃"。

我们认为，表示动作和结果关系的第六类"V个VP"结构与量意义关系密切，其他表方式、目的、时机、原因、受事等意义类型的"V个VP"不表达明确的量意义，本章主要讨论这类表结果意义的"V个VP"结构（以下简称S结果）的量性特征。

6.2.2 S结果与动作量表达

通过语料考察，我们发现S结果对动作量的表达主要分为两类：主观大量类和反预期量类。

6.2.2.1 S结果与主观大量的表达

（1）VP为性质形容词A。

我们依据性质形容词本身的量性特征将进入"V个A"的性质形容词分为两类：

①极量意义形容词。

少部分性质形容词具有极量意义，特别是某些单音节形容词如"空、满、净、光、清"等，这些词大多与空间、数量概念有关，用在"V 个 A"中常用来表示动作行为的结果处于某种极端程度，表最大量。

（15）谁知这时老王已经出院了，老张扑了个空。

（16）当年，一场大火把李楚泉刚摆脱贫困的家烧了个光，是场站官兵帮助他恢复了生产，重新走上致富路。

②一般性质形容词。

普通的性质形容词，在量的特征上具有弥散量的特性，本身不表示具体的程度量等级，"高"可以包含各种不同程度的量级："最高、非常高、很高、一般高、有点高、不太高"，但在"V 个 A"结构中，却都能显示出较高程度的意义。

（17）那天晚上，老彭出车回来已经 10 点多钟了，他照旧把车里里外外擦了个净。

（18）小倩晕晕乎乎地醒来时，发现自己已到了一间空屋子里，手脚被捆了个结实，动弹不得。

这种蕴含大量的结果意义可以从与一般结果补语"VA"的比较中更清晰地看出来：

（17）′那天晚上，老彭出车回来已经 10 点多钟了，他照旧把车里里外外擦干净了。

与例（17）相比，例（17）′中"擦干净了"只是客观描述"擦"后的结果状态"干净了"，而例（17）中"擦了个净"有较强的高程度的意义。

（2）VP 为状态形容词。

状态形容词具有量的规定性，具体表现在每个状态形容词都先天地携带一定的程度量，如 ABB 式状态形容词"黑洞洞"表示"黑"的较高程度（张国宪，2006）。进入"V 个 VP"结构的状态形容词无一例外地表达高程度的大量意义。

（19）而地上的水又殃及下一层住户，渗漏到床上，将新买的席梦思泡了个透湿……

（20）大学生们把自己要选择的单位围个严严实实。

（3）VP 为成语和俗语。

充当 VP 的成语和俗语成分常用来表示动作行为实施后产生的非同寻常的结果或状态，这些结果和状态大都具有高程度的大量意义，如：

（21）把抢麦的鬼子打了个落荒而逃。

（22）嘴到手就到，一巴掌扇了老汉个栽不愣。

（4）VP 为动词。

某些描写具体动作行为的动作动词作 VP 也能帮助表达动作行为所达到的结果的高程度意义，如：

（23）反正那天他是昂首挺胸走过去的，结果是让一个佩着军刀的日本军官一脚踢了个趔趄。

（24）警察一下子把她拽了个跟跄。

李宇明（2000）在讨论"一量就 VP"① 结构时指出："由于'一量'表主观小量，由于对结果的强调，那么 VP 往往含有主观大量的色彩。"例（23）、例（24）中说话人用"一脚""一下子"这样的小量成分反衬"踢""拽"结果大量，"趔趄""跟跄"用来说明动作行为的力度之大。

（5）VP 为主谓结构。

某些主谓结构也可充当 VP 项，该结构描述的动作行为的结果也带有大量意义。

（25）一辆汽车唰地停在我身旁，差点没有把沐浴在沉思中的我吓个胆碎。

（26）索债就把人忙个头朝下！

---

① 如"一炮就把碉堡轰掉了"。

例（25）、例（26）中"胆碎""头朝下"极言"吓""忙"的程度，带有夸张性，表示程度高量。

（6）VP 为名词变体形式。

某些特殊的名词性成分进入"V 个 N"结构时，该结构与"V 个 VP"结构表达功能相同，我们把这些特殊的名词性成分形成的"V 个 N"看成"V 个 VP"的变体形式，如：

（27）这样想着想着，就和迎面走来的一个人<u>撞了个满怀</u>。

（28）这是一支长苗儿盒子，他<u>抓了个满把</u>，使劲儿地夺这支枪。

句中画线部分的"V 个 N"结构中的 N 都受形容词"满"修饰，大都描写动作行为的结果。整个 NP 成分表现出很强的谓词性，陈述性大于指称性，如果去除形容词性成分，整个"V 个 N"结构一般不再成立。

类似这样的"V 个 + 满 + N"结构还有：

（29）倒了一个满杯、打了个满天星、打了个满脸花、沾了个满手油、堆了个满身、看了个满眼

以上 6 种形式进入"V 个 VP"结构都能帮助表达动作行为的高程度的结果意义，表现出大量的特征。从这些形式本身的量性意义来看，某些词如表极量的性质形容词、状态形容词、"满 + N"形式都有大量意义，但也有本身没有大量意义但进入该格式也能表示结果的高程度的大量意义的词语和短语，如一般性质形容词（如"擦了个<u>净</u>"）、某些成语（如"打了个落荒而逃"）、动词（如"踢了个<u>趔趄</u>"）、主谓短语（如"吓了个<u>胆碎</u>"），这说明表大量的"V 个 VP"结构并不要求 VP 本身具有大量意义，该结构本身具有表示动作行为产生的结果的高程度大量意义。

6.2.2.2　S结果与反预期量[①]的表达

从言谈事件参与者的预期（expectation）角度，有学者将言语中语言成分所传达的信息分为"预期信息""反预期（counter-expectation）信息"和"中性（neutral）信息"。Heine 等（1991）认为，反预期信息的标记功能是表示一个陈述在某种方式上与特定语境中说话人认为是一种常规的情

---

① "V 个 VP"所表示的反预期信息也是一种量的观点受张旺熹教授启发点拨，在此表示感谢。

形相背离（齐沪扬，2006）。

齐沪扬（2006）指出："实际量超过预期信息量的叫做超预期信息量（简称超预期量），低于预期信息量的叫负预期信息量（简称负预期量），相应的信息分别叫做超预期量信息（above-expected information）和负预期量信息（under-expected information）。"

某些 S$_{结果}$ 表达的动作行为的结果信息为反预期信息，在量上表现为超预期量和负预期量两种类型，如：

（30）只是胡一刀的刀法如此精奇，而金面佛始终跟他打了个旗鼓相当，自然也是厉害之极。

（31）可他心思全用在泡女演员，客串演话剧上，结果混个不良不莠。

例（30）中转折连词"而"的使用表明"打个旗鼓相当"并不是客观描述动作行为的等值结果，而是表达一种反预期信息：本以为金面佛打不过刀法精奇的胡一刀，没想到也能"打个旗鼓相当"。"打个旗鼓相当"的结果超出了说话人的预期值，是一种超预期量。例（31）"混了个不良不莠"表达了一个反预期信息：说话人本来希望他能用心表演，最后能有个很好的结局，但结果却是"不良不莠"。这一信息包含了量的评价——"不好"，它是对说话人心理预期值"很好"的一种偏离。相对于预期值来说，"混个不良不莠"的量值显然低于预期值，为负预期量。

6.2.3　S$_{结果}$ 与主观异态量表达

从以上分析我们可以看出，S$_{结果}$ 总是显现出一定的量的特征，而这种量的特征也都包含了说话人一定的主观评价。这种主观评价主要表现在两个方面：①在说话人看来，V 所表示的动作行为的结果或状态代表着一种较高或极高的程度；②在说话人看来，V 所表示的动作行为的结果或状态总是和预期值有着一定的差距，是一种反预期量信息，具体可表现为负预期量和超预期量两种形式。

该结构从总体上来看主要表达动作行为结果或状态的主观大量和反预期量两种语法意义，二者都是对动作行为的结果的一种量的评价，这种结果量或者以高程度的大量形式表现出来，或者以反预期的负预期量或超预期量形式表现出来。在我们看来，主观大量和反预期量都是一种异态量。

S$_{结果}$ 所表达的主观大量和反预期量是异态量的两种不同的表现方式：
主观大量实质上是一种超过常规的量，如"洗了个干净"所表达的结果量"干净"的程度超出一般常规，表现出大量意义，有"非常干净""极其干净"之义，有时这种量可以根据说话人表达的需要无限扩大，在数轴上可以如图6-1表示：

常态量　　　　　　　S结果的结果量（异态量）

图6-1　S结果的结果量与常态量

说话人有时为了表达高程度的大量意义，主观地赋予某个动作行为客观上不可能达到的某种结果，此时，S结果中VP所表示的意义已经虚化，只是为了增强夸张效果。如：

（32）他把家门口的酱园、小街、庭院和他所能够触摸到的世界想了个天翻地覆。

"天翻地覆"是现实生活中不可能发生的巨大的灾难，例（32）中的"天翻地覆"并不是实指成分，只是表明一种抽象的高程度的意义。

S结果所表达的主观大量意义超出一般常规量，自然是一种异态量；而反预期量是指结果或状态的实际量高于或低于说话人的预期量，说话人根据现实情况对动作行为做出的预期的结果量对说话人而言就是一种常态量，任何正常人都会认为自己的预期是自然的、正常的，低于或高于常态量就是异态量，如图6-2所示：

A　　　　　　　B　　　　　　　C

负预期量　　　　　预期量　　　　　超预期量
（异态量）　　　　（常态量）　　　　（异态量）

图6-2　预期量与反预期量

主观大量和反预期量都是异态量，二者的区别主要是后者以"预期量"为常态量标准，表明结果量对预期量的偏离，而前者不以预期量为标准，说话人的表达重心在于结果非同一般的高程度的大量意义。

结果类"V个VP"的语法意义如图6-3所示：

$$异态量 \left|\begin{array}{l} 超常大量 \\ \\ 反预期量：负预期量和超预期量 \end{array}\right.$$

行动——结果
（S$_{结果}$）

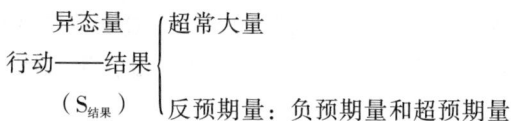

图6-3 S$_{结果}$的语法意义

S$_{结果}$有表达主观异态量的功能，但某些S$_{结果}$如"落个VP""闹个VP""弄个VP""混个VP"等形式中动词V的动作意义不明显，这些结构所表达的结果意义没有明确的量性特征，如：

（33）舅舅和我一个单位，很快就有所耳闻，他非常懊悔，他说如果不去找你，事情就不会这么糟，那天晚上他喝了一夜的酒，突发脑溢血，落了个半身不遂。

6.3 "VC"（以下简称A式）、"V得VP"（以下简称B式）与"V个VP"（以下简称C式）的区别

6.3.1 前人关于A式、B式区别的研究

郭继懋（2001）曾讨论过A式、B式的差别，认为粘合补语A式表示的是一种一般的、常见的、概括的、已模型化的（现成的）、没有时间/空间/量/方式等规定性的、可预测性高的、信息价值比较低的、只需一般凸显的性状，大多用来表达规约性的结果，如：

撕开、摔倒、睡着、掏出、钻进/出、爬上、跳起、吃下、吸进、吐出、杀死、摔破、脱下、穿上、学会、听懂、镂空

组合补语B式表示的不仅可以是这样的性状，还可以是一个不一般的、鲜活的、具体的、尚未模型化的、可预测性低的、信息价值（新闻价值）高、需要加以突出表达的、有时间/空间/量/方式等规定性的因而需要高度凸显的情况或事件。偶发性的结果适合用组合补语表达，例如：

哭得眼睛都肿成烂桃了/笑得都岔气了/老王笑得小刘都摸不着头脑了/喝酒喝得老婆回娘家了/羞得鼻子尖儿都出汗了/出租车降价降得我自行车都丢了

屈承熹(2004)认为二者语法意义上分别主要是"动作和结果之间的疏密的不同",越是通常的结果,越不需要"得"字来引进,但如果其结果并不是一般情况下所预期的,则需要由"得"字来引进。

郭、屈二人的研究都利用语义上动作和结果之间关系的差异来解释二者在形式上的诸多不对称现象。我们在讨论 A 式、B 式、C 式三种语法格式的差别时主要探讨语义上的差异,并用这些语义上的差别来解释三者相关的形式区别,其他形式区别有必要时也将提及。因前人对 A 式、B 式已作详细深入的探讨,我们主要讨论 A 式和 C 式、B 式和 C 式之间的区别。

6.3.2　A 式和 C 式的区别

A 式和 C 式所表达的结果在量性特征上分别表现为客观规约量和主观异态量。

A 式所表示的是一般的、常见的、概括的、自然的、信息价值比较低的规约性结果(郭继懋,2001),作结果补语的主要是形容词和动词,如:

(1)动 + 形:

长大　变小　染红　拧紧　切碎　晒干　走远　拉长　拌匀　煮熟
洗干净　说清楚

(2)动 + 动:

看见　听懂　学会　踢倒　拿走　写成　杀死　打破　弄丢　说完

能够充当结果补语的动词为数不多,常见的有"走、跑、倒、翻、病、疯、死、见、懂、成、完、通、穿、透"等(朱德熙,1982)。

这些动作和结果之间的关系很近,补语部分所表达的结果对动作行为的发生来说是最容易实现的,也是最自然的,如"煮"和"熟"、"晒"和"干"、"洗"和"干净"、"看"和"见",这符合人们一般的"理想认知模式"(ICM),这样的结果信息对说话人而言不需要特意凸显,更不需要特意强调。如果说动作行为的结果必然包含一定"数量"意义的话,这些结果成分所表达的量更倾向于表达客观规约量。

当然,这种客观规约量是一个相比较而言的概念,某些结果成分对动作而言,也并非完全符合 ICM,如"把衣服洗脏了""把衣服洗破了""(洗衣服)把他洗哭了",在现实生活中"洗"和"脏""破""哭"之间没有必然的联系，但说话人只是将它作为一种客观结果来进行描述，也就是没有有意凸显这种特殊的结果。

与 A 式不同，C 式所代表的结果成分对动作而言更多地表现为主观非常态的特性，这种非常态更多地体现在主观大量上，"V个VP"中VP所表示的结果并非客观自然结果，体现了说话人的主观性，有些"V个VP"中VP为性质形容词时相比"VC"有将C所表示的结果往大里说的意味，下面的例子中C式所表示的结果都比A式所表示的结果的程度要高：

A 式	C 式
请你说明白	请你说个明白
我把他的嘴捂严实了	我把他的嘴捂了个严实
你在他们家一定要吃饱	你在他们家一定要吃个饱

另外，某些A式并没有相对应的C式，结果补语为单音节动词时体现得尤为明显，这也与C式所要求的大量意义有一定的关系，如：

A 式	C 式
看见了	*看了个见
学会了	*学了个会
累病了	*累了个病
写完了	*写了个完

形成这种不对称现象的原因是结果成分的性质和C赋予结果大量的功能存在着矛盾，A式中结果成分所表示的都是自然结果，而且不是说话人有意凸显、有意描述的结果，这些词汇形式进入C式之后很难激活某种高程度意义，一般不能受程度词修饰，在量轴上代表的是一个固定的点，体现在语法形式上就是一般不受程度副词修饰：

见　*很见　*非常见……

如果将这个动词性成分改为其他形容词形式如"清楚""明白""清清楚楚"等形式就可以了，如"看了个清楚""看了个明白""看了个清清楚楚"。

某些直接表示客观结果不能表示说话人主观量评价的词语：一般不能

用"V 个 VP"结构，如：

变白了　＊变了个白

A 式、C 式所表示的结果在量性特征上的差异导致了二者语法结构形式上的差异，这主要体现在两个方面：

（1）肯定和否定的对立。

A 式一般有对应的肯定形式和否定形式，而 C 式一般只有肯定形式，没有否定形式，如表 6 - 1 所示：

表 6 - 1　A 式与 C 式的区别（一）

	肯定式	否定式
A 式	写好了（已然）	没写好
	擦干净（未然）	不用擦（那么、太）干净
C 式	洗了个干净（已然）	＊没洗个干净
	说个清楚（未然）	＊不用说个清楚

这可以用肯定和否定公理（石毓智，2001）来解释：

量大的事物肯定性强，量小的事物否定性强，中间的事物其肯定程度和否定程度相当。

自然语言中的肯定和否定公理：

语义程度最小的词语，只能用于否定结构；语义程度极大的词语，只能用于肯定结构；语义程度居中的词语，可以自由地用于肯定和否定两种结构之中。

A 式能自由用于肯定和否定结构，说明该结构在量上处于中间状态，而 C 式只能用于肯定结构，说明该结构表示大量。

（2）能否带宾语、作定语。

A 式能自由带宾语，而 C 式一般不能带宾语。如表 6 - 2 所示：

表6-2 A式与C式的区别（二）

A式（＋宾语）	C式（－宾语）
雨水淋湿了我的双眼。	*雨水淋了个湿我的双眼。
我已经查清楚谁是这件案子的主犯了。	*我已经查了个清楚谁是这件案子的主犯了。
我找遍了所有的地方也没找到他。	*我找了个遍所有的地方也没找到他。

张旺熹（1999）在解释"V 得（很）VP"结构几乎完全不能带宾语成分时指出："我们认为这是'V 得（很）VP'结构凸显程度意义的句法要求。如果这一结构带上宾语成分，那么它就会同时出现两个以上的语义焦点——对象和程度，这势必减损程度意义表现的强度。"C 式后不能带宾语这一点与"V 得（很）VP"结构是一致的，正是因为 C 式在表量方面体现出来的程度大量意义使该结构失去了带宾语的能力。另外，从表达重心来看，"V 个 VP"是说话人主观强调 VP 的程度之高，自然成为说话人表达的重心所在，而位于动词之后的宾语成分又因为处于句子的末端而成为句子的自然焦点，这两者势必不能在同一结构中出现。

A 式后能带宾语是因为该结构中的结果成分对说话人而言是最自然、最客观的结果，而且在表述上不需要刻意凸显，后带的宾语成分在句尾能获得自然焦点的属性，因而句法上能够成立。

A 式因表示客观自然的结果意义，还能作定语成分，还能用在疑问句当中，而 C 式不可以，如表6-3所示：

表6-3 A式与C式的区别（三）

A式（＋定语、＋疑问句）	C式（－定语、－疑问句）
想清楚了的同学请举手	*想了个清楚的同学请举手
你想清楚了吗？	*你想了个清楚吗？

6.3.3 B式和C式的区别

B 式和 C 式所表达的结果在量性特征上的区别体现为客观具象量和主观异态量的区别。具体来看，B 式对结果成分的描述更侧重于对客观程度和状态的具体的描绘，而 C 式的结果和状态更多地和主观情态相关。

6.3.3.1 客观性和主观性的比较

B 式更侧重于客观描述动作行为所造成的结果或状态，而 C 式重在表现主观大量结果或反预期结果，二者在客观性和主观性上的差别导致了它们在形式上的诸多不同，具体体现在如下几个方面：

（1）客观与主观表现之一：VP 的形式比较。

B 式可以说是汉语中表达动作—结果关系意义最为丰富的一种形式，这首先反映在表现结果成分的 VP 的结构形式上，大部分"V 得 VP"结构都没有相应的"V 个 VP"结构，如①：

	B 式	C 式
A. VP 为述宾结构	气得打孩子	*气个打孩子
B. VP 为主谓结构	打得手都酸了	*打个手都酸了
C. VP 为连谓结构	气得拿起电话就向爱宛的父亲兴师问罪	
		*气个拿起电话就……
D. VP 为联合结构	说得清楚、明白、坦率、诚恳	
		？说个清楚、明白……
E. VP 为述补结构	激动得跳起来	*激动个跳起来
F. VP 为状中结构	那天她吃饺子吃得比谁都多	
		*那天她吃饺子吃个比谁都多
G. VP 为表示比喻的"像/跟……一样/似的"		
	白得像纸一样	*白个像纸一样
H. VP 为几个分句	吃得桥也塌了，房子也倒了，省长也枪毙了	
		*吃个桥也塌了，……
I. VP 为名词性词语	此人长得细长高粱个子，鸭蛋脸。	
		*此人长个细长高粱个子……
J. VP 为形容词的重叠形式		
	知道得清清楚楚	？知道个清清楚楚
K. VP 为四字格形式	吹得无影无踪	？吹个无影无踪

B 式"得"后成分从词到短语到句子几乎没有什么限制，但 C 式受格式自身的限制，不能表达很多 B 式所表达的具象的结果意义。

有时同样一个动词"得"后成分有很多种不同的表达方式，如下列结

---

① 例句转引自郭继懋（2001）。

构中"得"后成分都用客观的行为动作从不同的侧面来表现"高兴"的程度，这种丰富的表达效果是"个"所没有的：

高兴得跳了起来/高兴得只想大哭/高兴得手拉手地跨到冰上/高兴得流了眼泪/高兴得不知道该怎样才好/高兴得几乎要大叫起来/高兴得拉着我的手重返人间

这可能与"个"在结构中的名词化功能有关，"个"对谓词性成分的名词化功能还仅限于一些特殊的词类和短语成分，对普通自由组合的短语或句子还不具备名词化的能力，也许在认知上我们并不把这样的成分和名词所具备的指称功能联系起来。

（2）客观与主观表现之二：语用差异。

B式因其具有客观描写特征，故能用来描写纯客观静态场景，而C式因为更多地与主观异态量有关，一般不具备这样的功能，如：

（34）前厅是化妆品柜台，布置得金碧辉煌。

　　　*前厅是化妆品柜台，布置个金碧辉煌。

（35）她长得漂漂亮亮的。

　　　*她长个漂漂亮亮的。

我们再来看看下面的不对称现象：

第一组：

（36）出院后仍需寄药，哪些病人应定期回院复查，连具体日期都在上面记载得清清楚楚。（人民日报\ 1993 \ R93_07. txt）

（36）′*出院后仍需寄药，哪些病人应定期回院复查，连具体日期都在上面记载了个清清楚楚。

第二组：

（37）告状信上时间、地点和人物都写得清清楚楚。[刘醒龙《分享艰难（连载之五)》]

（37）′*告状信上时间、地点和人物都写了个清清楚楚。

第三组：

（38）拿出一颗钻石成品，只见成色、重量、规格、交接时间，卡片
上<u>填写得清清楚楚</u>。（人民日报＼1996＼96News05.txt）

（38）′＊拿出一颗钻石成品，只见成色、重量、规格、交接时间，卡
片上<u>填写了个清清楚楚</u>。

以上三组"V得VP"（B式）换成"V个VP"（C式）以后句子可接
受度明显下降，但下面两例中B式、C式又可互换，

第四组：

（39）我的房间跟大厅只隔着一排木门，轿子里的声音，我<u>听得清清
楚楚</u>。（巴金《最后的话——致树基》）

（40）说话的时候，孙定邦、孙振邦、齐英、丁尚武他们在暗地里可
是<u>听了个清清楚楚</u>。（刘流《烈火金刚》）

通过比较，我们发现前面三组"V得VP"中的V都没有具体的动作
意义，"V得VP"表示事物的一种客观存在状态，而第四组中B式、C式
都包含了具体的动作意义，"清清楚楚"都是行为主体发出动作行为"听"
以后的直接结果，与前三组以客观静态事物（"具体日期""时间""地
点""人物""成色……"）为叙述主体不同，第四组以动作主体（"我"
"孙定邦……"）为叙述对象，结果成分带有人为的能动色彩，能表现出主
观信息，有一定的主观表达功能，因而能用C式。

有意思的是，如果将前三组中的动作实施者在语言形式上表达出来，
使整个描述从静态客观的描述变成动态主观的描述，这些"V个清清楚
楚"形式就可以"复活"，如：

（41）他将具体日期在卡片上记载了个清清楚楚。

（42）他们在告状信上把时间、地点、人物都写了个清清楚楚。

（43）钻石鉴定单位把宝石的成色、重量、规格、交接时间都在卡片
上填写了个清清楚楚。

（3）客观与主观表现之三：疑问句表现形式。

与A式、C式差别类似，B式、C式因主客观描写上的差异导致二者

在疑问句表现形式上也有不同的表现，前者能对 VP 提问形成特指问，后者不可以。

（44）写得怎么样?　　　*写个怎么样?

（4）客观与主观表现之四：语体差异。

"V 个 VP" 常出现在口语语体中，某些仅在口语中出现的词没有相应的 B 式。

（45）抓个满把　说个底儿掉　撸个茄子皮色　亏个底儿掉
　　　*抓得满把　*说得底儿掉　*撸得茄子皮色　*亏得底儿掉

（5）客观与主观表现之五：时态差别。
C 式可用于表述未然事件和已然事件，而 B 式主要表达已然事件，如：
C 式：

（46）日本人过来了，没有这个旗儿，可要<u>杀个鸡狗不留</u>，你合计合计吧!（孙犁《风云初记》）（未然）

（47）送礼的站不住脚，放下东西就惊惊慌慌的走了，可就便宜了他，<u>喝了个醉里胡涂</u>。（孙犁《风云初记》）（已然）

B 式：

（48）敌人<u>吓得个个腿颤身发抖</u>，谁也不敢再移动一步了。（冯志《敌后武工队》）（已然）

表示未然事件的 C 式有时还能表达说话人强烈的主观愿望和主观情绪，这种主观期待的目标性结果往往带有高程度的大量意义，这是 B 式不具备的一个很重要的表达功能，如：

（49）走，阿珍我今天带你去开开眼界<u>玩个痛快</u>!（王明丽《殒落的星辰》）

6.3.3.2　B式和C式在量性特征上的区别

B式因为更多地表现客观具象的结果,在量上没有明显的大小倾向,可以取极大值,也可以取其他量值,结果补语成分有时可以作自由扩展,而C式更多地表现主观大量。

B式:

跑得不怎么快　　　　跑得很快　　　跑得比火车还快

C式:

*跑了个不怎么快　　*跑了个很快　　跑了个快

量值:　　　低量　　　,　　高量　　→　极高量

B式和C式在极大量取值上存在着一些共性,但"得"后成分比"个"后成分在形式上具有更大的灵活性,因而只有当C式中"个"后成分同时可作"得"字补语时,二者有可以互换的部分实例,如VP为状态形容词及四字格成语时,二者可以互换:

(50) 可是,他又连连受挫,不一会儿,刚刚借来的十几万元又输得精光。(《人民日报 \ 1993 \ R93_09. txt》)

(51) 虽然打老虎机和"押大小",我们的筹码不到半小时便输个精光,我们并不恼,更没有咬牙切齿,咱可不能给华人丢脸。(钟兆云《逍遥万里蜜月游》)

(52) 他们平常天天都要掸尘,门窗擦拭得干干净净。(《中国儿童百科全书》)

(53) 每天烹饪过后,她总是仔细地把煤气炉拭个干干净净,让它长年长日洁亮如新。(尤今《炊烟袅袅岁月长》)

6.3.3.3　肯定和否定

与A式、C式二组相同,B式、C式在肯定和否定形式上也存在着差异,C式因为表大量没有相应的否定形式,但B式在表示一般量时有相应的否定形式。

B 式：

（54）他的店经营得很成功。

他的店经营得<u>不</u>很成功。

他的店<u>没有</u>经营得很成功。（转引自屈承熹，2004）

C 式：

（55）我们今天喝（了）个痛快。

＊我们今天<u>不</u>喝个痛快。①

＊我们今天喝个<u>不</u>痛快。

＊我们今天<u>没</u>喝个痛快。

C 式因为结果的大量意义使得该结构不具备相应的否定形式，B 式中表高量意义的结构也不存在相应的否定形式〔如例（56）、例（57）〕，这再一次证明量对句法结构的深层次的制约作用。

（56）他气得连话都说不出来。

＊他<u>没</u>气得连话都说不出来。

＊他气得连话都说<u>出来了</u>。

（57）酒店老板把他打得鼻青脸肿。

＊酒店老板<u>没</u>把他打得鼻青脸肿。

＊酒店老板把他打得<u>不</u>鼻青脸肿。

总的来说，"VC""V 得 VP"和"V 个 VP"之间在量性特征上的差异及相关因素比较可以用表 6 - 4 来表示：

表 6 - 4　"VC""V 得 VP"和"V 个 VP"的差异

比较项	VC	V 得 VP	V 个 VP
结构意义 （结果类型）	客观规约结果	客观具象结果	主观异态结果

----

①　"我们今天不喝个痛快不回家"是虚拟句，与我们讨论的情况不完全一致。

（续上表）

比较项	VC	V 得 VP	V 个 VP
量性表现	抽象量 （无大小特征）	具体量 小量大量	异态量 （大量、反预期量）
表结果意义 的成分	形容词、动词	词、短语、小句等	性质形容词，状态 形容词，成语，俗 语，特殊的名词、 动词、主谓结构
肯定和否定	肯定 否定	肯定 否定（非大量）	肯定
时态	已然 未然	已然	已然 未然
疑问句	VC（了）吗?	V 得怎么样?	无
语用		静态场景描写 ［＋－］事件性	［－静态场景描写］ ［＋事件性］

6.4　构式形成动因和机制

6.4.1　凸显理论

从认知心理上讲，凸显（salience）的事物是容易引起人注意的事物，也是容易记忆、容易提取、容易作心理处理的事物。"认知语义学"对概念结构的分析与传统语义学的不同之处就在于注重概念角色或语义角色的凸显情况。

沈家煊（2000a）考察了反义词"偷"和"抢"所形成的不对称现象：

（58）A. *张三偷了李四　　*张三把李四偷了　　*李四被张三偷了
　　　B. 张三抢了李四　　张三把李四抢了　　李四被张三抢了

该文用"偷"和"抢"概念结构中凸显的概念角色的不同来解释这种不对称现象：

"偷"【偷窃者　遭偷者　失窃物】

"抢"【抢劫者 遭抢者 抢劫物】

"偷"的概念结构中凸显的是"偷窃者"和"失窃物"，"遭偷者"不是注意的中心，非凸显角色可以隐去，即没有句法表现形式，A组句法结构都不成立；而"抢"中"抢劫者"和"遭抢者"作为凸显角色，是注意的中心，要有句法表现形式，B组句法结构都成立。

认知语言学中讨论的"意象"（image）"凸体"（figure）和"衬底"（background）等现象的形成与"凸显"都有密切的联系，这一认知心理现象形成的根本原因就在于注意力分配的不同，凸显的事物或对象往往是说话人注意力比较集中的部分。

我们认为S结果是为了凸显动作行为的异态量结果而形成的一种主观性构式，在句法层面上主要依靠两种途径实现：

（1）使结果成分始终处于句末自然焦点的位置。

（2）增加"个"标记，使之成为一种有标记形式。

6.4.2 S结果中结果成分的焦点性质

焦点（focus）是一个语用性的话语功能概念，是说话人最想让听话人注意而强调的部分（刘丹青、徐烈炯，1998），是句子内部被赋予信息强度最高的部分（潘建华，2000）。

焦点分为自然焦点、对比焦点和话题焦点。小句的自然焦点的功能特征如下：+突出，-对比。在句子内部，自然焦点是说话人赋予信息度最高的部分，它以小句的其余部分为背景。

张伯江、方梅（1996）指出"由于句子的信息编码往往是遵循从旧到新的原则，越靠近句末信息内容就越新。句末成分通常被称作句末焦点，我们把这种焦点成分称为常规焦点"。而刘丹青、徐烈炯（1998）认为由于说话人态度有主观性，所以选择以信息强度而不是信息新旧来定义自然焦点，强度是说话人主观赋予的，而新旧应该是客观存在的，如：

（59）A. 屡战屡败

B. 屡败屡战

A、B真值意义相同，但说话人的态度完全不同，是因为说话人有意让自己想突出的成分占据自然焦点即后面的位置。

从句法属性来看，与"VC"相比，S结果一般处于句子的末端，不能带宾语，也不能作句子的定语，两者比较见表6-5与表6-6。

表6-5 S$_{结果}$与"VC"能否带宾语比较

VC（＋宾语）	S$_{结果}$（－宾语）
雨水淋湿了我的双眼。	＊雨水淋了个湿我的双眼。
我已经查清楚谁是这件案子的主犯了。	＊我已经查了个清楚谁是这件案子的主犯了。
我找遍了所有的地方也没找到他。	＊我找了个遍所有的地方也没找到他。

表6-6 S$_{结果}$与"VC"能否作定语比较

VC（＋定语）	S$_{结果}$（－定语）
想清楚了的同学请举手。	＊想了个清楚的同学请举手。
	＊你想了个清楚吗？

在我们看来，S$_{结果}$就是有意让结果成分居于句末占据自然焦点的位置，使结果成分成为说话人赋予信息度最高的部分，这种结果状态因此得到最大程度的凸显。

另外，与本身处于句末位置的"VC"相比，S$_{结果}$中结果成分也以"个"作为焦点标记而成为凸显的对象，从而获得特殊的高程度的大量意义，试比较：

（60）开快艇者不知是觉察到这样掀起海浪对我们的安全有威胁还是在这里转够了，大约有二十多分钟就离开海湾扬长而去，海湾又恢复了平静。（文畅《到日本海钓鱼》）

（61）全体干部、党员、修路模范1 000多人分乘100台小四轮，在全乡转了个够。（报刊精选\1994\01）

S$_{结果}$中结果成分经常位于句子的末尾，形成自然焦点，且由于"个"这一特殊标记形式的存在，使结果成为凸显的对象，S$_{结果}$能表达异常结果或超常结果就是这种"凸显"起作用的结果。

6.4.3 距离象似性动因

S$_{结果}$构式意义的形成还与认知中的距离象似动因密切相关。距离象似动因是认知语言学中的一个重要概念，海曼（Haiman，1983）将距离动因表述为：语言成分之间的距离反映了所表达的概念成分之间的距离。吉冯（Givon，1990）称之为"相邻原则（the proximity principle）"，是指"在功能上、概念上或认知上更接近的实体在语码的层面也放得更近"。通俗地说，它指的是元素之间的表层形式越紧密，其意义联系往往也越紧密，因而形式关系是意义关系的临摹（张敏，1998）。

形态学和句法领域里的大量研究证实，距离动因的确是人类语言结构的一种主要的象似动因，它为不少语言共性规律提供了合理的解释。例如，格林伯格（Greenberg，1963）提出的语言普遍特征中有这样两条：第28条特征是，若派生词缀和屈折词缀都出现在词根的同一侧，那么派生词缀一定是在词根和屈折词缀之间。换言之，派生词缀一定比屈折词缀离词根更近。第39条特征是，当表示数和格的语缀一起出现，并都前置或后置于名词词根时，表示数的成分总是出现在名词词根和表示格的成分之间。换言之，格形式和名词词根的语言距离大过数形式。显然，这两条共性规律可以从认知上得到自然的解释：派生构词法会影响整个词的词汇意义，派生语缀代表的概念和词根的概念紧密关联；这种意义的变化往往是非常显著的（如英语"read"和"reader"）；而屈折构词法所增加的意义只是附在词根之外的更大的语言片段上，并不影响词根本身的意义，如英语的"go"变为"went"，"去"的意义并无变化，形态所增加的意义附在整个句子上。同理，由于数语缀决定了所指的一组事物的量，因而影响到所指事物的语义，它对整个词的意义的影响显然大于格语缀；格语缀仅仅描述名词代表的所指物和动词代表的事件之间的关系，并不影响名词词根本身的意义。在此，语言距离以象似的方式反映了概念距离。

语言形式距离在表层上体现为线性距离，但从更深一层看，它体现的是结构距离，这可以从三个相互关联的角度去理解：①X和Y及其间的成分独立性越强，语言距离就越大；②X和Y之间的组合方式越松散，语言距离就越大；③X和Y在结构树上跨越的节点越多，语言距离就越大，如X和Y的距离在 [[A X] Y] 中比在 [A [X Y]] 中要大，尽管其线性距离完全一样。

海曼给概念距离下的定义是：若两个概念具有以下性质，则它们之间在概念领域里的距离更近：①语义上有共同的特征、属性或组成部分；②互相影响；③在现实中不可分离；④被感知为一个概念单位，无论在现实中是否不可分离（张敏，1998）。

张敏（1998）研究汉语名词短语后认为，粘合式名词短语表达的事物的内部概念距离近，而组合式名词短语表达的事物的内部概念距离远。郭继懋（2001）研究粘合补语"VC"和组合式补语"V得VP"时指出，规约性的结果与原因的概念距离近，结果蕴含在原因之中，所以表达这种因果关系的语言形式之间的距离也近（"VC"）；偶发性的结果与原因的概念距离远，所以表达这种因果关系的语言形式之间的距离也就远（"V 得VP"）。

"V 个 VP"与"VC"相比，前者 V 与 VP 之间形式距离远，动作行为和结果之间的概念距离也远，前者表现异常结果，而"VC"表现自然结果。

"V 得 VP"与"V 个 VP"相比，也有这种距离象似的特征，前者表现客观具象结果，后者表现主观异态结果，概念距离后者比前者要远；从语言表层形式来看，后者 V 与 VP 的距离也比前者远，具体表现在：

（1）"V 得 VP"与"V 了个 VP"。

表示已然状态时，"个"前还有时体助词"了"出现，V 和 VP 的距离后者更远。

（2）"V 得 VP"与"V 了一个 VP"。

有时"个"前还保留了"一"这一数词形式，V 和 VP 距离较远。

总之，"V 个 VP"所表示的结果相对"VC"和"V 得 VP"而言，具有超常大量和反预期量性质，都是主观异态量，这一异态量的形成与"V个 VP"中 VP 的凸显有关，VP 因常位于句子末尾而获得自然焦点的位置从而得到凸显；另外，"V 个 VP"中 V 和 VP 之间的形式距离较远，从认知上看，语言成分的距离反映了相对应的概念成分的距离，相应的动作行为和结果之间距离较远，不表达自然的客观的结果，而表示主观的非常态结果。

6.5 小 结

本章分析"V 个 N"的变体形式"V 个 VP"结构的表量特性及其形成动因。

"V 个 VP"结构内部的语义关系非常复杂，表结果意义的"V 个 VP"（S_4）与动作量的表达密切相关。S_4 本质上是一个表主观异态量的构式，具体表现为主观大量和反预期量两种意义类型，该结构的主观表量意义不是结构中某个构成成分如 VP"个"带来的，而是整个构式本身所具有的，S_4 的主观异态量表达功能也不能从"VC"（A 式）和"V 得 VP"（B 式）结构推导出来，S_4 与 A 式、B 式在表达结果意义类型、量性特征、表结果意义的成分类型、肯定和否定、时态等方面都存在着明显的差异。

S_4 这一主观异态量构式形成的动因主要有两个方面：第一，"个"后

VP 常位于句末而成为自然焦点，成为说话人赋予信息度最高的部分而获得凸显；第二，S$_4$ 与 A 式、B 式相比，V 和 VP 间形式距离较远，受距离象似动因规律影响，语言距离以象似的方式反映概念距离，动作和结果之间的距离也相对较远，具体表现为动作行为导致非常态的结果，在量上 S$_4$ 结构主要表达主观异态量。

7 "（X）整个一个 Y"构式（S_5）的隐性量表达——极限程度量

7.1 引　言

我们讨论的"（X）整个一个 Y"（简称为 S_5）是口语中常见的一类格式，例如：

(1) 胡丽鹃，这名字听着就晦气，<u>整个一个狐狸精</u>！

(2) 那个"法轮"图案，一个佛家的"万"字，配上道家的"阴阳鱼"，<u>整个一个不佛不道</u>。

上例中的"（X）整个一个 Y"（下文简称 A 构式）在句子中相当于一个谓词性成分，不同于作名词性成分的"整个一个 Y"（下文简称 B 格式）①，例如：

(3) 他们的作品赢得了<u>整个一个儿童世界</u>。

(4) 也许正因为我这从外到内<u>整个一个人</u>全变了，才使得家里人哗哗流泪呢！

A 构式因为其特殊的句法语义特征引起了研究者的关注和讨论，周一民（2006）认为"整个一个……"起述谓作用，相当于"完全是一个……"，"一个"也带有夸张意味，"整个一个"实际上是语义重复，起突出强调被修饰语的作用。刘长征（2007）认为该格式是带有强烈主观夸张色彩的判定或评价格式，强调和凸显 Y 所负载的信息。

---

① "（X）整个一个 Y"有特殊句法语义属性，符合构式特征，简称为 A 构式，"整个一个 Y"为普通名词性成分，简称为 B 格式。

前人对 A 构式的句法语义分析对本研究很有启发，但对该构式的形成，特别是夸张意义的来源、与 B 格式的内部语义联系、"一个" 在构式形成中所起的作用及该构式的特殊语用功能等问题还缺乏深入的挖掘和探讨。本章我们主要从隐性量角度揭示该构式的本质语义属性，探讨该构式的适切语境和语用功能，并分析其语法化动因和机制。

7.2　构式隐性量句法语义特征

从 "（X）整个一个 Y" 句法语义表现来看，我们认为该构式也是一种隐性量表达结构。

7.2.1　句法形式

从句法形式上来看，"（X）整个一个 Y" 中 "整个" 和 "一个" 皆已偏离其原有显性量表达功能。

"（X）整个一个 Y" 具有语法化倾向，"整个" 有副词化倾向，"一个" 的数量义也已经虚化（刘长征，2007）。"整个" 的副词化倾向取决于 "（X）整个一个 Y" 的谓词性功能，在表义上与 B 格式中作属性词表示 "全部" 这一显性量意义不同，在 A 构式中主要表达 X 已完全具有 Y 所指涉的情状。"整个" 在现代汉语中副词用法较为常见，例如：

（5）尤老二整个是个笑话！

例（5）中 "整个" 位于动词性成分前作状语，为副词性成分，包含说话人对话题的主观评述功能，具有较强的主观性特征，与 A 构式中 "整个" 用法实质相同。

"一个" 在 A 构式中也并非一般显性数量表达结构，具体体现在：

第一，"个" 前数词固定是 "一"，有时省略不说。

第二，"一个" 后的成分可以为非典型名词成分，如专有名词、动词或动词性短语（包括形容词）、谚语、熟语或者歇后语等（刘长征，2007）。

A 构式也会出现量词非 "个" 的现象，例如：

（6）整个一群土匪恶霸，衣冠禽兽！
（7）现在的报纸，整个一派胡言！

这从另一个角度说明，A 构式中"一个"一方面保有部分个体量词功能，另一方面在此基础上拓展出新的用法，更多地体现为名词化功能。

7.2.2　表义内容

从表达的语义内容来看，该构式表达的意义主要为"量"的意义。刘长征（2007）认为该构式具有强烈的主观夸张色彩，李宇明（2000）曾提出"夸张型主观量"概念，用来指由夸张方式造成的主观量，为主观量的一种来源，我们认为格式的夸张意义本质上是一种"量"的意义，该构式的构式意义可概括为：说话人主观认定 X 已完全达到 Y 所表达的极限程度量并对此确信不疑。例如：

（8）挑男人眼光实在差劲，比如那个 Rose，她找的那个广东仔<u>整个一个败家子</u>，绝对没出息。

说话人主观上认为"广东仔"在人的能力等级量的评价上完全到了"败家子"这一极限程度，而且说话人对这个结论非常肯定，认为他"绝对没出息"。

因为该构式表达主观极限程度量意义，所以常常与程度量标记［如程度副词，例（9）］或结构［如程度补语，例（10）］共现，例如：

（9）如果属于先天五音不全那种，骂一句北京人损人<u>最厉害</u>的——"整个一个没文化"也就算了。

（10）这是什么样的生活呀？整个一个日复一日的枯燥循环，实在是<u>无味透顶</u>。

有时，与表示主观增量的"又 A 又 B"格式共现，例如：

（11）再次醒来已经是晚上 8 点多了，肚子里已经开始闹空城计了，现在整个人<u>又累又饿</u>，整个一个难受。

"又累又饿"非常强烈地强调了不舒服的感受，"整个一个难受"表达的不是一般的而是一种达到极限的难受状态。

由于该构式表达的程度量超出一般，为极限程度量，所以该构式常位于递进复句的后一分句，强调程度的高量，如：

（12）（出了门搭车时，突然惊觉）这哪是下雨呀，整个一个泼水节！

7.2.3　构式与相关结构的差异

戈德堡（Goldberg，2007）认为：一个构式的意义不能从它的直接成分或其他结构直接推导而来，它有作为构式的独立的构式意义。A 构式表达一种主观极限程度量，语法意义与"X 完全（就）是 Y"（下文简称 C 格式）、"X 简直（就）是/像 Y"（下文简称 D 格式）类似，但反观来看，并非所有的 C 格式、D 格式都能转化成 A 构式。A 构式与 C 格式、D 格式的不可推导性正好体现了 A 构式作为构式的这一特点。

A、C、D 三式在主观性、量性特征及 Y 的句法特征上都存在着一定的差别。据我们对语料的考察发现：A 构式表达主观极限程度量，C 格式表达全量，在主观性特征上表现不显著，D 格式表达主观限量（李泉，2014）；在句法上 A 构式因"一个"名词化功能的影响，对 Y 的限制比 C 格式、D 格式多。具体来看：

A 构式与 C 格式在表达强烈主观倾向的句子里存在着互换现象，例如：

（13）颈上围着一条白丝巾，手上提着一个花书包，油头粉面，完全是一副京城纨绔子弟模样。

非强烈主观评议性句子如客观说明性、叙述性句子中只能用 C 格式，不能用 A 构式：

（14）它做工精细，机身上的图画完全是手工绘制。

（15）公安厅提醒人们，所谓购买"神龙数码卡"、每次点击可获 0.3，完全是一个骗局。

由于 C 格式具有客观性表述功能，可作定语成分［如例（16）］，也有其否定形式［如（例17）］，但 A 构式不可：

（16）……终于写出了这部完全是真人真事的著作。这可以说是大寨人艰苦奋斗，自力更生的历史写照。

（17）银行是经营货币信用的特殊企业，然而资金不是商品或不完全是商品，银行怎能算是真正的企业？

由此可以看出，A 构式与 C 格式在表达强主观性评价时二者存在共性，但 C 格式还可用在客观性句式中。

另外，A 构式中"一个"为名词化标记，Y 大部分为名词或名词性短语、谓词性短语（动词或形容词）、谚语、熟语或歇后语等，而 C 格式不受此限制，其中 Y 还可以是介词结构（"这件事完全是在我不知不觉之中"）、"是……的"结构（"耀邦完全是自学的"）、一般动宾结构（"我完全是关心你"）等，而 A 构式中 Y 不可。

我们再来看 A 构式与 D 格式：

"简直"与"整个一个 Y"可以共现，例如：

（18）有观众大骂，这哪是草莽英雄，欺男霸女，<u>简直整个一个好色无耻的大淫棍</u>。（转引自袁丽，2008）

A 构式与 D 格式也有互换的情况，例如：

（19）他呀，简直就是一头干活的牛。
　　　他呀，整个一个（头）干活的牛。

虽然句法形式上二者有时可以互换，但在语义程度上，D 格式较 A 构式低。"简直"为主观限量强调标记，强调情状已经接近某种程度的极限量，但并未达到极限程度量。而 A 构式已完全达到极限程度量，说话人对此有极高的确信程度。

另外，与 C 格式相同，D 格式在句法上有更大的自由度，A 构式 Y 受限较多，不可以为一般否定结构［如例（20）］、动态助词"着"［如例（21）］）及并列定中形式［如例（22）］，例如：

（20）这简直不是人干的活，非想办法用机器代替人工不可！
　　　＊整个一个不是人干的活。
（21）简直是过着十分寒酸的生活。
　　　＊整个一个过着十分寒酸的生活。
（22）我觉得他简直像个孩子，自私的孩子。
　　　＊我觉得他整个一个孩子，自私的孩子。

［例（19）至例（22）转引自李泉，2014］

总体来看，A 构式、C 格式、D 格式在量性特征、主观性表达及 Y 的句法特征上存在着差异（见表 7-1）：

表 7-1　A 构式、C 格式与 D 格式的差异

比较项	A 构式	C 格式	D 格式
量性特征	极限量	全量	接近极限量
主观性	主观	主观/客观	主观
Y 的句法特征	受限	自由	自由

7.3　构式适切语境与语用功能

"（X）整个一个 Y"作为一种特殊口语构式，与 C 格式、D 格式在句法语义上都有所不同，该构式紧凑、凝练、生动、活泼，极具夸张效果。考察一个构式，我们不但要解析构式语块，揭示构式义，寻找构式理据，更要说明构式的语境适切度，即说话人在什么语境条件下会说这样的话，又是怎么说的（吴为善、夏芳芳，2011），以下我们将探讨 A 构式的适切语境及其特殊的语用表达功能。

A 构式表达说话人主观认定 X 已完全达到 Y 所述的极限程度量且说话人对此论断深信不疑，这一特点使 A 构式较多使用在具有强烈主观评价论断色彩的语境中，有着特殊的适切语境及语用功能，具体可分为如下几类：

7.3.1　总述概括功能

A 构式因表达说话人对 X 的极限程度量评价，往往出现在具有"具体解说—总结概括"功能的语境中，具有总述概括功能。在具体语篇中，可以呈现出"具体解说—总结概括"［如例（23）］、"总结概括—具体解说"［如例（24）］两种形式：

（23）二人情投意合，就订下婚约了，一个是非他不嫁，一个是非她不娶，整个一个海枯石烂的架势。

（24）还有统计员秀秀，整个一个吃闲饭的，每天的工作只有一件：统计全厂 230 个员工的午餐成本。

例（23）首先具体描述二人情投意合的情况，然后用 A 构式总体评价二人感情所达到的极限程度量——"海枯石烂"；例（24）先用"吃闲饭的"来总体评述统计员工作在复杂性和重要性上所达到的极限程度量，而后具体解说其事实依据。

某些 A 构式中 Y 总述概括人物情况时常用另一认知上更具凸显性的具体可感的形象来作比拟，此时构式更多地体现出摹状功能，例如：

（25）一看这小子的样子，头发很长乱糟糟，胡子也没剃过，眼窝深陷，整个一少年版爱因斯坦，当然我只是指外貌。

例（25）中"少年版爱因斯坦"既是对"这小子"的概括和总结，也是一种具体描摹，进一步增强人物的典型性特征。

7.3.2　比较递进功能

A 构式也常出现在比较递进功能语篇中充当后项。在具有比较功能的语篇中，A 构式作为比较项常与另一比较项在某一量特性上存在着较大差距，构式对主观极限量的确认和强调使这一量性差距进一步凸显与加大，夸张效果显著，例如：

（26）原来一个营养不良的小姑娘现在整个一个胖大妈。

"整个一个胖大妈"与"营养不良的小姑娘"的对比，凸显了小姑娘变化程度之大。

A 构式在递进句式语篇中常作递进后项，前项和后项在某一量性特征上具有程度深浅的差别，说话人认为前项所表达的程度量不够，进而用 A 构式强调该程度量实际所达到的极限，例如：

（27）现在女人都讲究"条儿"，甭提，说信筒子都过誉了，其实整个一大秤砣。

（28）九龙花园的开发商何止是欺诈，整个一个强盗！

以上两例递进句式中递进后项"大秤砣""强盗（的行为）"相比前项"信筒子""欺诈"在身形肥胖程度和欺骗程度上都比较高，且后者在说话人看来已达到量的极限，夸张效果极为明显。

7.3.3 言者情态表述功能

语言的主观性和主观化过程中一个重要的表现是由"句子主语"变为"言者主语"（沈家煊，2001），例如：

（29）A. He must be married.（他必须结婚了。）
　　　B. He must be married.（他必定结婚了。）

A 句的 he 是"句子主语"或"语法主语"，B 句除了这个语法主语，还隐含一个高层次的"言者主语"，是说话人认定"他结婚了"。A 构式是一个主观性很强的构式，同样也隐含了说话人这一言者主语，有强烈的言者情态表述功能，用以表达说话人对 XY 这一命题所达极限量的完全确信或肯定，具有主观传信功能。这一主观传信功能的传递强度甚高，因而 A 构式常出现在表达强烈语气的感叹句或反问句中，例如：

（30）我是一个老病秧子，每天活活不好，死死不了，整个一个活鬼！
（31）"就连结婚时买的茶具都摔碎了，这不整个一神经病吗？"阿奔悲苦难言。

例（30）为感叹句，表达说话人对自己像"活鬼"一样的生病状态的愤懑；例（31）通过反问的形式表达说话人对"摔茶具为神经病行为"这一事实的强烈肯定。

7.3.4 焦点凸显功能

A 构式形式上凝练、紧凑，意义上表达主观极限量，在语篇中常常是说话人的重心所在，整个构式具有焦点凸显功能。

（32）还有一位副秘书长、两位常务理事，还有两位北大的权威级专家，整个一"北斗七星阵"啊。
（33）Apple 来自天津，但长得一点也不像北方女孩，整个一个江南女子，特秀气。

例（32）中"整个一'北斗七星阵'"形象总括专家团队的情况，是说话人想重点强调和凸显的内容；例（33）中"整个一个江南女子"是对 Apple 气质特点的总体概括，也是全句的焦点信息。

我们对 A 构式的适切语境与语用功能进行分类是为了论述的需要，彼此之间并非决然分离。总述概括功能和比较递进功能更多地展现出 A 构式在语篇上的特殊性，而言者情态表述功能和焦点凸显功能是大部分 A 构式所具备的语用功能，所以某些构式可以同时具备上述几种功能，如例（32）、例（33）既有总述概括功能，又有言者情态表述功能和焦点凸显功能。

7.4　构式形成动因和机制

A 构式（如"整个一个神经病"）可以看成 B 格式（如"整个一个房间"）的语法化形式。刘长征（2007）从共时层面对 A 构式语法化现象进行的探索对我们的研究很有启发，但其研究侧重于对结构中的组成成分如"整个"和"一个"的语法化现象进行考察，我们将从构式层面进一步深入探讨 B 格式语法化为 A 构式的动因与机制。

7.4.1　构式形成动因

7.4.1.1　句法动因

我们在古汉语语料库中仅发现一例 A 构式，出现在民国时期：

（34）<u>（李氏）</u>每天不梳头、不洗脸，蓬头垢面，<u>整个一个脏兮兮的老太婆</u>。（民国 \ 小说 \ 古今情海）

例（34）中"整个一个脏兮兮的老太婆"出现在体词性谓语句中充当谓语，"整个一个 Y"已从体词性成分转化为谓词性成分，述谓性增强，是典型的 A 构式。我们认为体词性谓语句是诱发"整个一个 Y"谓词化的典型语境。

体词性谓语句在古汉语中早已存在（张文国，2006），从成句条件来看，"结构上，名词单独作说明谓语的情况很少，而且有较强的限制条件"（刘月华，2001）。从 A 构式的内部构成成分来看，"整个一个 Y"作名词谓语句的谓语成分有两个有利因素："整个"的副词化和"个"的功能扩展。

"整个"的副词化可以看作促使"（X）整个一个 Y"体词性谓语句成立的催化剂。名词谓语句的谓语都很简短，一般没有补语或宾语，但有时也可以带状语，状语在一定程度上能增强体词性成分谓语化的能力，例如：

　　（35）地上<u>净</u>水，别滑倒了。
　　　　　*地上水，别滑倒了。
　　（36）表演那天，男生<u>一律</u>西装领带。
　　　　　*表演那天，男生西装领带。

　　项开喜曾列出体词谓语句的语法等级：
　　加"了" > 加状语 > 加"的" > 加"有" > 加"有/是" > 加"是"
加状语也被认为是仅次于加"了"的体词谓语句成句的强有力的语法手段。
　　A构式中副词性成分"整个"作状语的属性为"一个Y"作体词性谓语提供了便利。从汉语史的角度来看，"整个"在清代已出现副词用法，位于动词前作状语，表示动作行为的方式和情状，例如：

　　（37）因法可零星学习，道须整个修敬。［清＼小说＼八仙得道(上).txt］

　　此例中"整个"与"零星"相对，表示修道的方式。
　　有时"整个"与状语标志"的"共现，例如：

　　（38）胡烈刷喇就是一把土，侯俊杰把眼睛一眯，整个的摔倒在地。
［清＼小说＼小五义（中）.txt］

　　这为最初于民国出现的A构式中"整个"的副词用法提供了历时佐证。
　　"个"的功能扩展是"一个Y"成为谓词性成分的另一便利因素。随着Y成分的丰富和拓展特别是谓词性成分如动词、形容词短语的加入，加速了"一个Y"向谓词性表义的演变，"一个"表量意义就此减弱，"一个Y"从指称功能语法化为陈述功能。而"整个"作为属性词修饰的中心成分大都为实体名词，难以发生语法化。
　　"整个"的副词化和"个"的功能扩展加速了"整个一个Y"从一般的偏正名词性结构向体词性谓语句的谓语成分的演变，体词性谓语句是这一语法化过程发生的外在句法诱因。

7.4.1.2　语义动因

伴随着"整个一个 Y"整体功能的变化及结构中"整个"副词化和 Y 成分的复杂化,结构表义内容也发生了本质的变化。"整个"由客观具象全量意义(如"整个一个房间")演变为主观抽象极限量意义(如"整个一个脏兮兮的老太婆"),这一极性量既指话题已达到谓词所说的极限程度量意义,也指说话人对此论断的极限肯定和把握。从全量意义到极限量意义都是量的最高值,不同的是量的对象从客观的"物量"转向了主观的"性状量和语势量"(李宇明,2000)。

由于"个"的功能扩展,Y 由普通个体量词扩展为抽象名词、动词、形容词等谓词性成分,"一个 Y"的表义也由物量义转向性质义或状态义,该结构整体功能由指称向陈述的转变为其演变成名词性谓语句中的谓词性成分提供了强有力的语义支持。

周一民(2006)认为构式中"一个"具有夸张功能,我们对此持不同意见。A 构式的夸张功能主要来自于"整个"的极性量意义,"一个"本身没有夸张功能,在结构中的功能还在于名词化,其名词化对象 Y 在表义上具有陈述性特点。

7.4.1.3　主观化动因

A 构式的形成与语言的主观性和主观化有密切关系。从 B 格式到 A 构式越来越倾向于表达说话人的主观意愿。

体词性偏正结构 B(如"整个一个房间")是对 Y 所指对象的客观全量指称,而 A 构式(如"X 整个一个神经病")主要表达了说话人对 X 的主观极限量评价,这个主观评价包括两方面的内容:认为 X 达到 Y 所陈述的极限程度量且说话人对此深信不疑,有极强的主观传信功能,即对言语信息的真实性有较高程度的把握。

7.4.2　构式形成机制

我们认为:重新分析和认知隐喻是 A 构式的形成机制。

重新分析历来被视为句法演变最重要的机制,诚如兰盖克(Langacker,1987)所言,"虽然在句法领域并非所有的历时发展都涉及重新分析,但重新分析无疑是句法演变的主要机制"。哈里斯(Harris)和卡姆培尔(Campbell)对重新分析的界定是:"重新分析是指改变了一个句法模式的底层结构但不涉及其表层形式的任何直接或内在的改变"(转引自吴福祥,2013)。"整个一个 Y"的线性序列没有发生改变,但其内部结构却经历了从定中关系到状中关系的转变,如图 7 -1 和图 7 -2 所示:

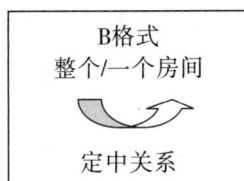

图 7-1　B 格式句法结构关系　　　图 7-2　A 构式句法结构关系

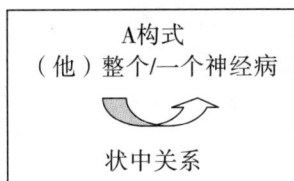

认知隐喻是指认知中把一个领域的概念投射到另一个领域，或者说从一个认知域（来源域）投射到另一个认知域（目标域）的现象（陈忠，2005），在"整个一个 Y"中"整个"由客观全量向主观极限量的转变就是一个隐喻过程，二者内部都暗含了对相关要素逐一进行扫描的认知程序。B 格式（如"整个一个房间"）中"整个"是通过对 Y 所指对象（如"房间"）内部进行逐一扫描而达到描写全量的目的，A 构式（如"整个一个神经病"）中"整个"是对 Y（如"神经病"）这一属性状态进行各层次分层扫描而确认 X 已达到 Y 所处属性层级的最高层，这一差别如图 7-3 和图 7-4 所示：

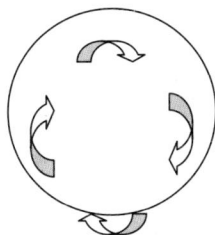

图 7-3　B 格式认知图式　　　　　图 7-4　A 构式认知图式

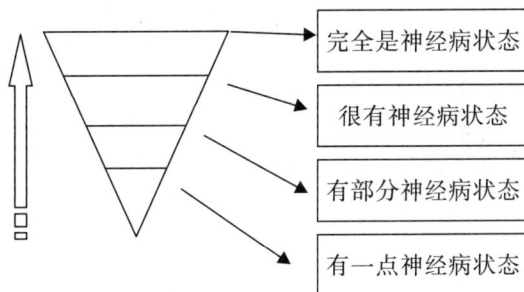

图 7-3 中圆周代表 Y 所指对象内部各组成部分的点的集合，箭头代表扫描方式，"整个一个房间"在认知上是对"房间"各组成部分进行循环扫描的过程；图 7-4 中倒三角形代表 Y 所指属性的不同层次的集合，各成分间存在量的差异，越往上量越大，箭头表示扫描方式，"整个一个神经病"是对"神经病"属性状态的不同量性层级进行逐级扫描后确定其处于量的最高层级。

由于 A、B 两式扫描对象 Y 的属性不同，扫描方式存在着一定的差异。

B 格式扫描对象 Y 所包含的内部各组成成分具有内在统一性，其扫描方式是均衡的，而 A 构式扫描对象 Y 的属性状态因为高量层级的凸显，低量层级的扫描是虚拟并隐含的，这也是 B 格式和 A 构式中“整个”的功能从客观全量到主观极限量转移的根本原因。

7.5　小　结

“（X）整个一个 Y”构式的本质语义属性在于隐性量表达，作为一种表达强烈主观极限量的构式，构式有着特殊的适切语境和语用功能。该构式的形成有其外部句法环境和内部语义动因，构式成分“整个”和“一个”的句法语义演变对整体构式的形成起着至关重要的作用。

本章讨论的“（X）整个一个 Y”构式是众多特殊“个”字构式中的一个，与“V个N”“V个VP”同为隐性量表达构式，但具体的隐性量表达内容及其形成动因却并不相同。

8 "那叫一个 X"构式（S_6）的隐性量表达——高程度量

8.1 引　言

"那叫一个 X"（简称为 S_6）是现代汉语常见的口语表达式，可以用来表达高程度量意义，如：

（1）可后来李卫东一来，他立马就像换了个人，<u>那叫一个热情</u>！跟刚出锅的馒头似的。

例（1）中"那叫一个热情"表示"热情"的程度之高，有特殊的夸张表达效果。这种高程度量意义不能从组成成分推知，可以看作一种特殊的高程度量构式。

周一民（2006）、唐雪凝（2009）、甄珍（2016）等探讨了该构式的句法特征及构式与构式成分的互动关系，但构式的来源尤其是构式的高程度意义的形成缘由尚不明确。本章根据历时语料拟推测该构式的来源并缕清相关结构的演变脉络，探求构式语法化动因及其认知解释。

8.2　"那叫一个 X"的来源

"那叫一个 X"是一个表达主观程度量的口语构式，关于该构式的来源，周一民（2006）认为"那叫一个 + 形容词"是由表示名称的"叫"字句派生出来的一种句式[①]，这种看法颇有道理，但具体的派生方式未见讨论。表示名称意义的"叫"字句如何派生为有高程度量意义的"那叫一个 X"句式？我们认为二者中间存在一种过渡形式——表程度量的"那叫

---

① 表示名称的"叫"字句如"我叫国柱""这叫 U 盘""单脚离地叫走，双脚离地叫跑""脑子不清楚叫糊涂"。

X"结构。

甄珍（2016）指出汉语中"那叫 X"结构存在着一般"主谓宾"结构［如例（2）］和程度量结构［如例（3）］同形的结构现象：

（2）他那不叫默契，他那叫聪明！（@ 尹唲 TT2012.02.14）

（3）嚼着牛肉就着面，吃着青菜喝着汤，那叫爽！（《人民日报·海外版》2005 年 7 月 11 日）

表程度量的"那叫 X"是连接一般称名结构的"叫"字句和"那叫一个 X"的桥梁和纽带。关于表程度量的"那叫 X"与"那叫一个 X"的来源关系，甄珍（2016）认为表程度量的"那叫 X"来源于"那叫一个 X"构式成分"一个"的脱落，但从汉语史的材料来看，"那叫 X"先于"那叫一个 X"产生。检索北京大学汉语语言学研究中心语料库，我们发现"那叫一个 X"构式在古代汉语语料中并无用例，而表高程度意义的"那叫 X"在民国时已经出现（详见 8.3）。据此，我们推断"那叫一个 X"有可能是表程度量的"那叫 X"添加标记成分"一个"形成的。

形成这一推论的理由有二：

（1）从现代汉语语料来看，表程度量意义的"那叫一个 X"与"那叫 X"用法基本一致，常可互换。二者的差别仅体现在主观性等级上，后者较前者低。

（4）一开始我心里有点不高兴，可后来从广播里听到申办成功后，那叫一个兴奋。

（5）她听了那叫兴奋，差点儿把自己的打算都告诉他。

两例相比较而言，例（4）表现"兴奋"的程度更高，有更强的主观夸张色彩。

（2）"一个"可作为主观性标记成分添加进"那叫 X"结构形成"那叫一个 X"构式。

"一个"在汉语中是一个常用的名词化标记，周一民（2006）认为汉语中存在着大量的"一个"作名词化标记的构句现象，"那叫一个 X"就是其中一种。我们认为，"那叫一个 X"中"一个"的名词化标记作用并不是它最重要的功能。在"那叫＋X"中"X"为谓词性成分时，动词、形容词等谓词性成分所表达的事件、动作、活动和状态可通过本体隐喻

（ontological metaphor）被理解为实体性成分（转引自沈家煊，2007），"叫"字句的称名意义激活 X 的实体指称功能，具有名词的特性。如：

（6）脚手架？什么脚手架？接着有人笑了起来，纠正周冠仁道："<u>那叫起落架</u>，不是脚手架。"

（7）<u>那叫燃烧生命</u>，不叫死亡！

（8）你<u>那叫聪明</u>？你<u>那叫拆</u>。说句不好听的你是败家子儿。

例（7）、例（8）中"那叫 + V／A"显然是仿照"那叫 + N"而来，"燃烧生命""聪明""拆"等都作"叫"的宾语，也都可以理解为实体性成分。

"那叫 X"结构中 X 本身已名词化，"那叫一个 X"结构中"一个"的名词化标记功能似乎是一个冗余的功能。张伯江（2002）指出汉语判断句中的"（一）个"既没有语法强制性，又不完全区分语义，只是在语用上具有一种较为明显的倾向——"是（一）个 NP"倾向于主观性表达，"是 NP"倾向于一般表达。我们认为"那叫一个 X"中的"一个"也具有类似的增强主观性的语用表达功能，与"那叫 X"相比，"那叫一个 X"有更强的主观程度量的表达功能，如例（4）比例（5）表达的"兴奋"的程度更强。

另外，表达主观程度量意义的"那叫 X"可以添加"一个"［如例（3）、例（4）］，而"那叫 X"为普通称名结构时不能添加，如：

（6）′＊那叫一个起落架，不是脚手架。

（7）′＊那叫一个燃烧生命，不叫一个死亡！

（8）′＊你那叫一个聪明？你那叫一个拆。

这一现象也说明，"那叫一个 X"可能是在表达主观程度量意义的"那叫 X"结构中添加主观性标记"一个"形成的。"那叫一个 X"的来源如图 8-1 所示：

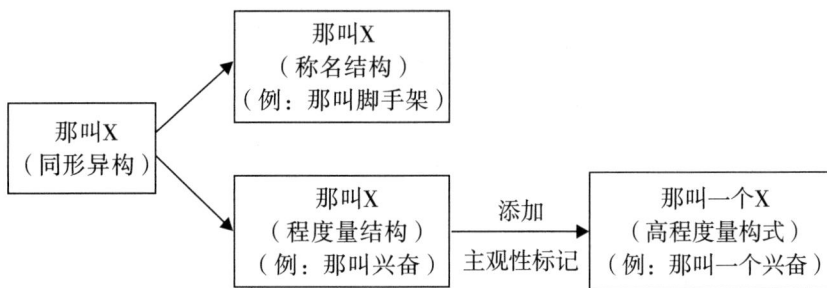

图 8 - 1 "那叫一个 X"的来源

如若"那叫一个 X"来源于表程度量意义的"那叫 X",那"那叫 X"程度量意义是如何形成的? 我们将从历时角度探讨这一用法的形成过程。

8.3 "那叫 X"结构语法化历程

"那叫 + X"格式最初出现在明代,为普通称名结构,"叫"为命名意义,也写作"叫做",X 为普通名词性成分,"那"为指示代词,回指上文提到的内容,如:

(9)"王明那座山怎么有许多凶器?"判官道:"那叫做枪刀山。为人处世,两面三刀,背前面后,暗箭伤人,暗刀杀人。"[明/小说/三宝太监西洋记(四).txt]

清代"那叫 X"结构中的 X 开始出现谓词性成分,整个结构仍可看作称名结构,"叫"也可写作"叫做","那"仍用作回指代词,如:

(10)蛮子说:"我不是酒肉的宾朋,今天你请我吃饭,明天我请你下馆,那叫换嘴头子。"[清\小说\三侠剑(中)]
(11)那么风水的好处可以想见,万万不可以改葬了。如果再改葬,那叫做不祥,并且是大不孝。(清\曾国藩家书)

谓词性成分在句中仍然相当于名词的用法,与普通事物的称名类似,但相对于名词性成分而言,这些谓词性成分具有陈述性特征,"那叫 X"的称名意义减弱,转而带有一定的描述和评论性,用于表达说话人对某种行为或状态性质的主观判断,如例(11)中"不祥"就是说话人对"改葬"这一事件的主观判断，后有"是"字结构对举出现。这可以看作"那叫 X"由客观称名意义向主观评价意义转变的关键一步。

民国时，X 出现含有高程度量的状态形容词成分，"那叫 X"表达高程度意义，如：

（12）张方可是精神倍长，力量十足。口里还喊着："老杂毛，你想跑哇？那叫万难！今个儿我非宰了你不可！"［民国＼小说＼雍正剑侠图（下）．txt］

相对 X 为谓词性成分，结构表达主观判断意义的用法而言，这一用法脱离称名意义更远，主要表达程度量意义。"那"的指称性特征还比较明显，例（12）中"那"回指上文中"跑"这一动作行为。

"那叫 X"的程度量用法在现代汉语中得到极大发展，X 的表现形式更多，除了本身具有量性特征的"程度副词＋形容词"［如例（13）］以外，X 还可以是性质形容词、固定短语等本身不包含量属性的成分［如例（14）、例（15）］，如：

（13）人家做戏呀，那叫真狠，那个感情真足。
（14）七十的人了让老丫头买双盖儿鞋在脚上一穿，红棕色儿，走大街上那叫美，竟然觉不出寒碜来。（魏润身《挠攘》）
（15）"内蒙古大草原，唉，伊金霍洛旗那叫一望无际。"

从句法表层形式来看，"那叫 X"可独立成句［如例（13）］，也可作主谓句中的谓语成分［如例（14）、例（15）］，当"那"在结构中的实际指称对象与主谓句的主语所指相同时，"那"的指称功能明显减弱［如例（15）］，当"那"在篇章中与主谓句主语所指不同时［如例（14）"那"不回指主句主语——"七十的人"］，"那"虚化为一个类似具有强调功能的标记成分。

总体来看，"那叫 X"经历了如下语法化过程：

"那叫 X"结构最初出现于明代，X 为具有定名意义的名词性成分，结构为普通称名结构；发展到清代，X 开始出现谓词性成分，"那叫 X"结构在保留称名意义的同时，开始带有主观判断和评价意义；民国时期"那叫 X"结构中 X 出现具有量性特征的状态形容词，整个结构完全失去称名意义，主观评述意义进一步增强，表达高程度量意义；现代汉语中

"那叫 X"中 X 的句法表现形式更为丰富，高程度量意义固化为结构的本质意义。

"那叫 X"结构的演变模式如图 8 – 2 所示：

	明代	清代	民国	现代
功能	称名⇒	称名/判定评价⇒	高程度量评价 ⇒	高程度量评价
主客观性	客观	客观/主观	主观	主观
X	名词性	谓词性	状态形容词（＋量性特征）	性质/状态形容词、固定短语（±量性特征）

图 8 – 2 "那叫 X"结构的演变模式

就整个语法化过程和程度意义凸显的历程来看，"那叫 X"结构程度意义的产生是称名意义一步一步弱化的过程，也是主观性逐步增强的过程。

8.4 "那叫 X"形成动因及其认知解释

"那叫 X"从称名结构语法化为高程度量意义结构的动因主要包括以下几点：

8.4.1 谓词性成分进入 X

"那叫 X"结构中 X 为可变项，X 为普通名词性成分时整个结构只能保持称名意义。当 X 中出现形容词、动词等谓词性成分时，X 仍可以看作名词性成分，即把性状或动作行为当作一种事物来看，但谓词性成分本身所表述的语义与一般事物名词不同，谓词性的陈述情状意义仍然保留在结构中，这一意义使"那叫 X"评价意义的出现成为可能。试比较：

（16）那叫苹果，不叫香蕉。
（17）那叫傻，不叫老实。

两例中"那叫 X"结构都有称名判断的意义，但例（16）是客观判断，例（17）是主观判断，而且后者重心不在对"那"回指的前文内容指定名称，而是对这一内容进行主观评价。这种主观评价意义的产生为"那叫 X"高程度意义的实现提供了契机。

8.4.2 "叫"的认知凸显功能

"那叫X"的语法化过程为称名意义减弱，主观判断和评价意义不断显现的过程。主观评价意义不一定带来程度意义，如例（17）中"那叫傻"只是一种主观判定评价，并无程度意义，但下例"那叫酸"的理解就不同。

（18）那天晚上他偷偷假装给鸟喂食竖着耳朵往屋里听，那叫酸，他又惊又喜酸得他两边槽牙都倒了。

例（18）中"那叫酸"后有程度补语说明"酸"的程度之高，该结构为程度量意义。"那叫X"从例（17）的主观判定功能到例（18）的高程度量表达功能的转变的发生，起关键作用的是"叫"的认知凸显功能。

"叫"为称名系动词，"A叫B"表示A这一事物获得B这一概念内容，B是A事物与其他事物相区分的区别性特征，而这一区别性特征往往成为说话人关注而欲凸显的部分。从信息传递角度来说，B相对于A而言是更为本质和核心的信息，也是说话人关注的焦点信息。我们在日常生活中往往习惯于给事物添加各种各样的标签，这一标签容易成为注意力核心。"那叫X"程度量意义产生的最根本原因就在于"叫"最终使"X"这一情状特征得到凸显，得以凸显的"情状"往往具有大量的特征。

"那叫X"的原型为具体事物的称名结构［如例（16）］，当X由名词性成分向谓词性成分转变后，"那叫X"结构主要还在于确定和判定"那"的指称对象具有X的属性或状态，但谓词性成分所表达的情状特征使"那叫X"开始向评价意义转变，结构的称名意义减弱，主观性增强［如例（17）］；当结构主观性进一步增强，不表示对某种属性的确定或判断，只是主观强调或凸显某种性状时，称名意义完全消失，程度量意义就产生了［如例（18）］。

事实上，我们对某种属性的判定与强调有时存在两可的理解：

（19）好些太太们手里都攥着好几间大房子、大别墅，听上去那叫阔，可天天犯愁哇，为嘛？卖不出去，天天为贷款犯愁！

（20）用母亲的话说，吃了顺气。用我的感觉来说，那叫滋心润肺。用俏皮话说，吃了如厕可以令人轻松一大截子。

这种判定与强调意义理解的相关性在汉语中比较普遍，如"是"具有判断、焦点、强调和对比的用法，后三者都来自于其原来的判断用法，这说明判断与强调这两种语法范畴之间也存在密切联系（石毓智，2005）。现代汉语单音节形容词作谓语在无具体语境的情况下也存在两种理解，如"这个苹果好"既可以表示判定意义（"这个苹果好，那个苹果不好"），也可以表示强调程度意义（"这个苹果很好"）。判定和强调的区分本质在于对属性的确认还是凸显，这正是"那叫 X"从称名意义转变为程度意义的内在认知理据。

8.4.3 "那"的虚化与远指心理距离功能

"那叫 X"中"那"一般作同指性代词，但在表示程度量意义时，"那"已虚化，实际指称意义非常弱，甚至虚化到实无所指，我们在语篇中有时似乎找不到"那"的具体指示对象：

（21）"这盆水那叫管用。"赵航宇笑眯眯的，鼓着掌领头走上去与元豹握手，双手抓住元豹……

（22）他一听那叫乐，只要人家看得起，漫说二十，四十六十他也不在乎。

"那"的虚化与 X 的谓词性特征和"叫"的称名意义弱化有直接关系，"那"不用来指称具体事物，更像是一个用来帮助强化程度意义的标记。

"那"这种强化程度意义的功能与指示代词心理距离指示功能相关，吕叔湘（2004）最先引入"心理距离"概念，"近指和远指的分别，基本上是空间的，但也往往只是心理的"，许余龙（1989）也指出心理距离指示现象属于凸显心理距离指示现象，也就是说话者/作者借时空指示现象来凸显其心理距离推远和拉近的交际功能。"那"作为远指代词，指称在空间、时间、心理等距离上与说话人较远的事物或状态，在"那叫 X"结构中"那"更多地凸显一种与说话人现场较大的心理距离，为高程度量表达提供无限扩展的可能。

李晋霞（2011）认为"这"系代词与言者所处的"现实"联系更为紧密，"那"系代词则相对较远。大致而言，近指代词更具有"现实性"特征，而远指代词则相对更具有"非现实性"特征。远指代词的这种非现实性特征能帮助实现高程度量意义，有时能带来特殊的夸张效果，如：

（23）崔永元：我刚才看了您这书啊，第一章，就叫"回家"。说的就是上次做完节目回铁岭的时候，那场面，特别壮观吧？

白云：那怎么叫"特别"壮观呢？那是"相当"壮观哪！那家伙，那场面大的，那真是：锣鼓喧天，鞭炮齐鸣，红旗招展，人山人海，那……（赵本山、宋丹丹《小崔说事》）

宋丹丹饰演的白云用几个"那"字名词短语很形象地表现出场面的虚拟夸张，"那"在结构中就是这种无限扩展程度的用法，场景的"非现实性"使说话人可以无限夸大场面的轰动效应。

远距离意义容易产生高程度意义在汉语语法化现象中很普遍，汉语中表示程度高的补语成分"死"（如：累死了）、"极"（如：好极了）、"去了（如：多了去了）"都与"远距离"概念相关联。"死"原为动词，表示生命的终结点，经隐喻发展出极性义（唐贤清，2011）。"终极、极点"概念本身隐含了程度义，而"极"本身就表示"终极"意义；"去了"中"去"表示从说话人位置移向别处，可以引申为远远超出所在范围的意义，通过隐喻，就可以表示程度远远超出一般情况，即表示程度非常高的意义（储泽祥，2008）。"终极"和"去"都包含"距离说话人远"的意义，能引申出高程度意义。相反表达有限空间距离的"V + 不到哪里去"语法化为有限程度量表达式（吴为善，2011）。

8.5　小　结

我们对"那叫一个 X"构式的来源及形成机制动因的讨论着重从程度量意义产生的角度来进行，这一构式的形成与构式成分的语法化有密切关系，但又不完全等同于单个成分的语法化，我们讨论的是整个构式的历时演变过程，探讨促使这一构式产生的动因并从认知角度作出相应解释。

在汉语中与这一结构相关的"这个/那个 A"也有类似的程度量用法，张伯江、方梅（1996）认为指示代词"这/那"表示程度用法来源于"那叫一个 X"中"一个"和"叫"的省略，从汉语史语料来看，我们并没找到可以支持这一结论的证据，二者在现代汉语中的分布情况及形成来源还需作进一步研究。

9 "个"字构式的类型学考察

9.1 引　言

　　"显性范畴"和"隐性范畴"在世界语言中普遍存在，但这种范畴的普遍对立在不同体系的语言里的表现应该存在着一定的差别。就语言的有无形态特征而言，形态发达的语言中显性范畴往往有一定的形态标记和词素标记，而隐性范畴没有明确固定的形式标记，没有形态标记的语言的显性范畴和隐性范畴的表达方式目前还没有引起学界的足够重视。

　　就量范畴而言，显性的形态标记有复数形式，如"-s"为英语复数标记，而隐性的量的表达方式更为隐含，相关的研究成果并不多见，形态标记语言是否存在着丰富的隐性量表达方式，具体表达手段有哪些？

　　汉语本来没有明显的形态标记，量的表达也不能采用形态标记这一狭义的语法手段形式来判定显性量和隐性量，我们更多地根据"量"的表达的显著性来划分，如数量词和程度副词表达名量（如"一个"）、动量（如"一次"）和性质量（如"非常好"），其他语法手段如重叠形式、"东A西B"（如"东奔西跑"）等为隐性的量。张旺熹（2009）和我们对"个"字构式的研究说明隐性量现象在汉语中大量地存在，隐性量对汉语语法的制约作用显著。我们感兴趣的问题是汉语的隐性量表达在别的语言中是否有类似的表现，汉语和别的语言相比量的表达有何共性和个性？

　　由于隐性量包含的内容甚广，我们暂且从"个"字构式这个窗口去窥探与之相关的隐性量表达的类型学特点，以此探求汉语在隐性量表达方面与世界其他语言相比所具有的共性和个性特点。我们主要通过调查分析汉语与方言"个"的隐性量表达方式及其他语言中隐性量的表达方式来考察这些问题。

9.2　方言中"个"的隐性量表达方式和手段

　　与普通话相比，方言中"个"的用法尤为复杂，分别具有个体量词、种类量词、定指、称代、程度、方式、话题标记、定冠词、修饰语、标记（定语/状语）、领属语标记、名词标记、语气词、补语标记等多种用法。（李小军，2016）从隐性量表达的角度来看，方言"个"的用法与普通话相比有同有异。

从目前的方言材料和我们的调查来看，方言中的"个"也有隐性量表达功能。从语法形式入手，方言中与隐性量表达相关的用法主要有如下几种：

①V 个 N；②V 个；③A 个；④V 个 VP；⑤句末表强调的"个"；⑥好……一个；⑦（一）个 N/V。

具体来看：

9.2.1　V 个 N

很多方言中的"个"都有类似普通话里"个"的功能，放在动宾结构中，表示动作行为轻松、容易等价值量小的主观评价，如青岛方言（李雪，2013）、武汉方言（赵奎欣，2012）和粤语：

（1）你刷个碗还用刷那么长时间，磨洋工是不是？（青岛方言）
（2）我放假哪来都不去，就在家看个电视，做个饭。（青岛方言）
（3）出个门够磨，半天都出不去。（武汉方言）
（4）脚不好，出门买个菜都蛮难。（武汉方言）
（5）做个饭有咩难嘅啫？（做个饭有什么难的呢?）（粤语）

这些"V 个 N"跟普通话一样，都没有对应的"V 一个 N"形式。

益阳方言中"只"是相当于普通话的"个"的通用量词，作主语话题的"V 个 N"在方言中，都有对应的"V 只 N"形式，如：

（6）洗只菜都洗不索力。（洗个菜都洗不干净。）
（7）煮只饭有么子难的呢?]（煮个饭有什么难的呢?）
（8）带只小伙子都带不好。（带个小孩都带不好。）

但是某些表示惯常性行为动作的"V 个 N"，益阳方言没有对应的形式，如：

（9）*他现在退咖休哒，就在家养只花，种只草。（他现在退休了，就在家养个花，种个草。)

而要用表动作小量的"V+一下"形式来表示，如：

（10）他现在退咖休哒，就在屋里养哈唧花，种哈唧草。（他现在退休了，就在家里养-下花种下草。）

9.2.2　V个

普通话中"V个"使用范围较窄，就目前语料来看，主要为日常生活行为动词，如"笑""跳""跑"等，在方言中也有类似的用法，如益阳方言中（徐慧，2001），"只"相当于普通话中的通用量词"个"，可用作动量词，但只限于单音节动词"哭""吵""笑"等之后：

（11）她搭她侬男人吵咖一只。（她跟她丈夫吵了一场。）
（12）笑一只啰，要照哒口来。（笑一个，要照相了呢。）
（13）她气得回去关哒们哭咖一只。（她气得回去关着门哭了一场。）

但在安徽枞阳方言中（林达青，2002），"个"的使用范围明显较广，可以和一般的动词搭配：

（14）后子我想叫几个人把墙粉个。（后天我想叫几个人把墙粉一下。）
（15）别挡路，让个子！（别挡路，让一让！）
（16）我歇个，你去把稻翻个子。（我歇一下子，你去把稻翻一下。）
（17）明子想到安庆去个子。（我明天想到安庆去一趟。）

特别的一点是，"个"还可以用在已然事件（林达青，2002）中，如：

（18）她太娇了，还没骂个就哭。（她太娇了，稍微骂一下就会哭。）
（19）她不晓得好怕丑，还没讲个脸就红仔。（她非常害羞，还没讲她一下，脸就红了。）
（20）他真是急性子，还没来个就要走。（他真是急性子，还没来一下就要走。）

例（18）中"骂"这一动作已发生，说话人讲"还没骂个"，只强调"骂"这一动作非常轻微，程度不严重。例（19）、例（20）"讲""来"都是已经发生的动作，当"个"放在这些已经发生的动作后面时，句子中必须有"还没有""就""不就"等词语出现。

枞阳方言中"个"放在动词后表示动作轻微或量小时短，使用范围比普通话要广，形成原因还有待进一步探究。

9.2.3 A 个

方言中"个"除了可以放在动词后表示量小时短外，还可以放在形容词后表示少量，如陕北绥德方言（黑维强，2009）中的"个"可用于形容词谓语后，表示量少，意义大致与"一些儿、一点儿"相近，如：

（21）你的病这一向儿好个儿蓝吧？（你的病这一段时间好一些了吧？）

（22）而儿还早叻，等娃娃每大个儿再买。（现在还早呢，等孩子们大些了再买。）

（23）饭热个儿蓝，能吃蓝。（饭热点儿了，能吃了。）

（24）咱每吃快个儿，车要走叻！（咱们吃快点儿，车要走呢！）

黑维强指出，这一用法的形容词都是表积极意义的"好""大""热""快"，且"个儿"并非量词，因为在该方言中，"个儿"前后还可以出现典型的不定量词"些儿"，如：

（25）天暖个儿些儿就能打澡水叻。（天暖一点儿就能游泳呢。）

（26）你每天明些儿个儿走，不要太早哩。（你们天明些儿走，不要太早了。）

"个儿"虽然并非真正的量词，但用在形容词后又有表示少量的作用，我们认为这里的"个儿"也有隐性量表达功能，作用在于表示程度比较后的小量结果。"个"已脱离原有明量词用法，用来说明形容词比较的不确定量。

9.2.4 V 个 VP

"V 个 VP"表主观异态量的用法在方言中也普遍存在，如内蒙古碛口方言（石慧，2007）、陕北绥德方言（黑维强，2009）、湖南常德方言（易亚新，2007）、浙江路桥话（丁健，2016）、东北大连话、山东泰安等地方言。①

（27）其每次喫酒都喫个烂醉。（他每次喝酒都喝个烂醉。）（磴口方言）

（28）作业先做完起，由你嬉个爽快。（作业先做完，由你玩个痛快。）（路桥方言）

（29）打个稀巴烂。（常德方言）

（30）说个没完没了。（绥德方言）

除了与普通话基本类似的"V 个 VP"结构，汉语方言在该结构上与普通话存在的差异主要表现在三个方面：

（1）方言中不仅存在"V 个 VP"结构，还有普通话"V 个 VP"结构没有的句法现象，以内蒙古磴口方言为代表。该结构"个"后可以省略补语。在这种环境下，"个"只能和"得"连用。例如：

（31）看他熬得个，你快去帮他个。

（32）昨天把他忙得个，你们是不知道么。

（33）看他着急得个，你也帮他找吧。

普通话中"V 个 VP"中"个"后成分不可省略，但有意思的是，与之相关的"V 得 VP"结构后的 VP 却存在省略的情况，"得"后的话不说出来，有"无法形容"的意味（吕叔湘，1999），如：

（34）看把你美得！

（35）这番话把他气得！

从表义来看，磴口方言中"V 得个"与普通话"V 得"相似，皆为程度大量，但普通话"V 得个 VP"中的 VP 不能省略，其原因尚不清楚。

（2）某些方言存在类似"V 个 VP"的结构，但使用范围有限，以老派湘语邵阳方言为代表。

老派湘语与普通话不同，通用型量词不是"个"而是"只"，在邵阳

---

① 未加特殊说明的方言材料为笔者调查所得。

方言中"只"也可放于 V 和 VP 成分之间充当补语（李小军，2016），如：

（36）你唔听话，我等下把你打只半死。（你不听话，我等下把你打个半死。）

（37）你是只男人，要吃酒就吃只痛快。（你是个男人，要喝酒就喝个痛快。）

李小军（2016）认为邵阳方言量词"只"还没演化到补语标记这一步。因为普通话和很多方言中可以说的"雨下个不停""哭个死去活来"，邵阳方言却不能说成"＊雨下只不停""＊哭只死去活来"，而只能用补语标记"到"："雨下到不停""哭到死去活来"。因此上两例中 VP 只能分析为宾语。我们认为"只"作为通用量词已经具有补语标记的功能，与"V 个 VP"用法完全一致，只是这一用法还不像普通话"V 个 VP"中的"个"那样成熟，有一定的使用限制。

相类似的现象也同样存在于湘语中的益阳、郴州等地方言，这两种方言中的通用个体量词也是"只"，在调查中发现"V 只 VP"也仅限于"V 只痛快""V 只够"的形式，如：

（38）今天我人想去公园玩耍只痛快。（今天我们想去公园玩个痛快。）（郴州方言）

而普通话中其他的"V 个 VP"形式，益阳方言更多地使用"得"字补语句和其他程度量表达式，而不用"V 只 VP"，如：

（39）咯件事我忘得一干二净。

咯件事我哈不记得哒。

（40）恰得令哒光/恰得只令哒光。（吃个精光。）　　　＊恰只精光

恰得醉死哒　　　　　　　　　　　　　　　　　　＊喝只烂醉

（3）方言中不存在"V 个 VP"形式，"V 个 VP"在这些方言中有相应的程度量表达形式，包括表程度的状语、结果补语、"得"字补语等，以"这件事我忘了个一干二净"为例，各地方言的表现形式不同，如：

状语：

（41）今天的事全部不记得了。（广东梅州）

（42）这号事情纯粹忘了。（山西平遥）

结果补语：

（43）呢件事我唔记得晒喇。（广东广州）

（44）这个事我忘完了。（陕西西安）

（45）这件事我都忘记光了。（浙江台州）

"得"字补语：

（46）咯件事我忘得一干二净。（湖南郴州）

（47）这个事我忘得一点儿也没有了。（辽宁大连）

有意思的是，在粤语方言中，某些"V 个 VP"结构可以用动量词形式，如：

（48）今日我地想去公园玩餐劲嘅。（今天我们想去公园玩个痛快。）

"餐"在粤语中为动量词，相当于"顿"，用于饮食方面，也可引申用。

（49）食咗餐。（吃了一顿。）　佢捱咗一餐打。（他挨了一顿打。）（转引自黄伯荣，1996）

例（49）中"餐"用来指玩的动量，属于"餐"的引申用法。

9.2.5　句末表强调的"个"

据黄伯荣（1996），许宝华、宫田一郎（1999），张惠强、任坚（2009）介绍，兰州话、新疆吐鲁番的中原官话及乌鲁木齐的兰银官话、天水方言中的"一个"，有强调标记的用法，一般放在句末。具体来看：

兰州话中的"一个"可放在句末的名词后面，一般用在以下两种句式中：

（1）用在肯定判断句或疑问句里：

（50）他是恶霸一个。

（51）他说的谁一个？

（2）作"啥（什么）"的答句：

（52）问：你吃的啥？
　　　答：冬果一个。

在祈使句、感叹句或肯定的判断句以外的陈述句里一般不能用这种格式。黄伯荣还指出这种句子里的"一个"，并不实指"一个东西"，有时两个或两个以上也可以用"一个"，如甲口袋里有十个苹果，乙问："你装的啥？"甲可以回答："苹果一个"。

在新疆吐鲁番的中原官话及乌鲁木齐的兰银官话里"一个"放在句子末尾，表示某种语气：

（53）维吾尔族人的烤肉香底很一个。（吐鲁番）

（54）把他穿底还漂亮底一个。（乌鲁木齐）

（55）你是谁一个？（乌鲁木齐）

与兰州方言相比较，乌鲁木齐话中的"一个"不仅可放在表判断的疑问词之后，还可放在表高程度的结构之后，如例（53）、例（54）。

兰州天水等地方言中的"一个"常出现在表示解释说明的判断句、无主句或者表示存在的句子里，如：

（56）A：门咋开了？
　　　B：是风一个。

（57）A：桌子上是一堆啥？
　　　B：桌子上是书一个。

很显然，"一个"不能修饰"风"，书也不是"一个"，放在句尾都有凸显强调的标记作用。在天水方言中这样的"一个"除了可以放在可数名词和不可数名词后，还可以用在"的"字结构、数量名结构、疑问代词、专有名词后，使用范围较广，如：

（58）载个脸盆是铜的一个。

（59）A：正北上是啥一个？

　　　B：兀像是一个人一个。

（60）载一篇文章的作者是鲁迅一个。

这些方言中的"一个"都凸显并标记前面的成分，成为全句焦点，也可视为一种隐性量。从句法上来看，句末"一个"不能直接修饰前面的名词或代词，也不存在对应的"一个 + X"的平行格式，"一个"甚至可以删除，放在句尾不能重读，并不影响句子的真值意义。

位于句末的强调标记的产生动因还未见相关论述，我们认为主要有两点：

（1）句法环境。

"一个"所在的句式大都为判断句或说明句，谓词性成分在句中本身是关注重点，"一个"放在名词性成分或程度结构后将这些成分更进一步凸显，引导听话人关注这个谓词性成分所表达的内容。另外，在疑问句中，疑问代词所指涉的内容往往也成为全句的中心，"一个"放在疑问词及其指代对象成分后能凸显该部分内容。

（2）"一个"的句法语义特点。

"一个"在句中虽然已经不能直接修饰焦点内容，但从来源上看，"一个"还未完全脱离其修饰名词的特点，一般的判断句中"一个"凸显的对象仍然为名词性成分，疑问句中疑问词所指代的内容大都为名词性成分，即使是指代谓词性成分的疑问词"咋"［例（56）］，也可以用名词性成分"风"来解释和回答。在离名词性成分较远的高程度用法的例（53）和例（54）中，"一个"也有与其相关的名词性成分"烤肉"和代词"他"，"一个"的原型意义仍然存在。只是"一个"与"个"的众多特殊用法一样，数量意义已大大弱化，在句子中已转移到凸显说话人和听话人关注的焦点上来。

9.2.6　好……一个

安徽芜湖方言（黄洁，2006）中存在"好……一个"构式，用来表示高程度量意义。就构式成分来看，"好"作为程度副词已有程度意义，"一个"在句末显然不是普通名量词，在句中是一个加强程度量表达的标记，"一个"非数量词，没有数量意义，功能上仅相当于一个词缀，读轻声，不能单独使用，必须和"好"一起。在句法形式上，"一个"不仅可以位于简单"程度副词＋动词/形容词"结构之后，如例（61）到例（65），还可以位于复杂"程度副词＋兼语句"结构之后，如例（66）。

（61）这苹果好好吃一个。
（62）晚上一个人在嘎，我好怕一个。
（63）我好讨厌吃鸡蛋一个。
（64）小张好会讲一个。
（65）衣服好漂亮一个。
（66）我嘎郭郭好希望他能到上海工作一个！（我家哥哥非常希望他能到上海工作！）

自然也可以用在感叹句中，如：

（67）好简单一个！
（68）好小一个！

这个和"好"组配使用的"一个"的来源还无从考证，我们推测"一个"的这一用法可能与"一个"的不定指用法有关。从形式上来看，"好小一个"有重新分析的可能，如：

（69）（这家的苹果）好小一个。

"一个"既可以理解为和"好"搭配使用的高程度量标记，也可以理解为不定指的具体的"某一个"苹果。

（70）好小的一个（苹果）！

这里的"一个"指具体的"一个"苹果，具有引出新话题的功能。

9.2.7 （一）个N/V

在某些方言中，还存在作主语的"（一）个N/V"，在句中有把N或V所代表的事物或事件往小里说的意味。"（一）个"已经不是普通的"数＋量"组合，数词常常是"一"或者省略，不能自由更换别的数词，如若省略，也只能填补数词"一"，说明"（一）个"已弱化为一个表示

"物量""事件量"小的标记。这种结构就现有文献来看,主要在北京话和青岛话里出现,首先来看北京话(周一民,2006)的情况:

(71) 一个饭馆儿,用得着起这么花哨的名字吗?

(72) 一个糖葫芦,谁没吃过呀?

(73) 一个小秘书,得罪他怕什么!

以上三例为"一个+N"形式,句中的"一个"使 N 所代表的事物价值量小。

(74) 一个玩儿,又不是赢房子赢地的。

(75) 一个上街买菜穿那么整齐干嘛?

(76) 一个开汽车,是人都能学会。

(77) 一个车费报销,你同意就行了。

(78) 一个孩子入托,用得着走后门吗?

以上五例为"一个+V"形式,"一个"一方面将动词性成分名词化,另一方面使动词性成分所代表的事件具有容易、简单、不值一提或者意义不大等意义。周一民(2006)认为"一个+N"是"一个+V"的原型形式,后者是由前者派生出来的,这种看法很有见地。由于汉语中"个"具有名词化标记功能,V 能进入"一个+N"的结构,二者所表达的隐性量意义是一致的。

值得注意的是,作为句首的"一个+N/V"所具有的价值小量意义的形成与该结构所处的外部句法环境及"一个"的最小量意义密切相关。从句法环境来看,"一个+N/V"在句中作主语,是句子的话题,谓语一般表示对该话题的主观性评论。"一"为最小自然数,这一属性使"一个"所带的成句隐含小量意义,这样的现象在汉语中比较普遍,与"一个 N"最为接近的现象就是"V 个 N"结构,如前所示,句首做主语的"V 个 N"有的也表示对 VN 所代表的事件价值小量的评价,二者有时还存在着替换关系,如例(78)也可以说成:

(78)′孩子入个托,用得着走后门吗?

类似的现象在台营方言(陈娜,2011)中也存在,如:

(79) 一个闺女儿家，还用上学？

(80) 一个车费报销，你同意就行了。

青岛方言中也存在"个 + N"作主语，表示对 N 价值小量评价的句子，与北京话不同的是，"个"前较少出现数词"一"：

(81) 个裙子贵能贵到哪去？

(82) 个蜘蛛网你有什么好怕的。

(83) 个石头有什么好看的。

(84) 不是我说你，个孩子你和他两个一般见识？

(85) 真恶死了，个话都说不明白！

例（81）至例（85）中"个"都放在主语名词前，包含了对这些事物的主观评价，即说话人认为"裙子"不值钱、"蜘蛛网"不值得害怕及"石头"并不罕见等；例（84）中"个孩子"后出现"两个"证明"孩子"前的"个"非真的"一个"，而是表达说话人认为不值得和"孩子"较真；例（85）"个"放在"话"前，主要表达"说话"是一件容易的事，这个句子也有对应的"V 个 N"形式：

(85)′真恶心死了，说个话都说不明白。

9.3 其他语言隐性量表达的类型学特征

量范畴是一个包含内容甚广的认知语义范畴，每种语言都有相应的量的表达形式。本小节我们主要通过"个"字构式这一窗口来观察汉语隐性量在外语中对应的表达方式，探讨不同语言量的表达方式的异同。

我们主要调查英语、意大利语、俄语、韩语和日语五种语言，汉语与这几种语言在量的表达上具有以下几个特点：

9.3.1 汉语与其他语言相比所具有的共性

9.3.1.1 名量和动量的不可分割具有跨语言的共性

这一特点突出地体现在汉语和英语中，表现在以下两个方面：

（1）"V 个 N"形式中"个"有名量和动量两种用法，而英语中"a"作为冠词，既可以量化名词，也可以量化动作，在词形上保持一致，后者可理解为同形转化的名词。与汉语不同的是，a 不能插入形式动词作为整体转化为名词。

英语采用"have + 表示动作的名词（这类名词常由同形的动词转化而来）"形式表示，意为做某事（ = do sth.），如：

(86) have a drink（of）喝一点
　　 have a look（at）看一眼
　　 have a rest 休息一下
　　 have a swim 游泳
　　 have a bath 洗个澡

与汉语相同的是，它所表达的语义不完全是准确的一次或定量的活动，而是表达轻松小量意义，如"休息一下""喝一点"。

（2）通过动词搭配名词所表示的物量小量来达到动作小量。

汉语"V 个 N"结构中"个"前数量为最小自然数"一"，且不被关注，整个动宾结构自然表达动作小量，通过宾语所代表的事物的少量来说明事件活动的少量具有认知共性。

汉语表示动作小量和价值小量的"V 个 N"形式，"个"表面上放在名词前面，但从功能上来讲，已经变成对动作行为的有界化和主观化。英语中"a/an"除了上文所提到的名词化功能外，并没有发展出类似"（一）个"主观化标记的用法，但这种动作行为小量的意义可以通过宾语名词性成分的小量表达来实现，如：

（87）周末有空我就去他家吃个饭、喝个茶什么的。
Sometimes I go to his home to eat and grab a cup of tea at weekend.

例（87）中"吃个饭""喝个茶"等轻松、随意的动作行为意义在英语中都通过宾语小量名词"a cup of tea"来表达。

这样的现象在俄语中同样存在：

（88）Если будет свободное время на выходных, я зайду к нему
　　　如果　有　　空　　　　　　周末 ，我　就去 他那
　　　на чашку　чая.
　　　喝一杯　　茶

俄语中用 "на чашку"（喝一杯）来表达 "喝茶" 这一行为的小量。

9.3.1.2 跟汉语一样，其他语言存在一定程度的隐性量表达手段

汉语中 "个" 是一个典型的隐性量标记词，汉语中 "个" 字构式所表达的小量和大量意义在别的语言中可以通过词汇手段来表达，如通过不同的动词或者固定短语来表达，如：

（89）Let's go and <u>have some food</u>.（我们一起去吃个饭吧。）

"吃个饭" 在英语中可以说 "have some food"，亦即吃简餐，如果是吃正餐一般用 "have dinner"。同样是见面，如果是第一次正式的见面英语用 "meet"，熟人之间随意的见面用 "see"。英语通过不同的动词来表达动作行为的正式与随意，汉语也有类似的表达，如 "会晤" 与 "见面"，但汉语还可以用 "个" 这样的主观量标记来标记动作行为的小量。

除了用不同的词汇形式来表示动作行为的大小量特征，英语中某些固定短语虽然不包含明显具有量意义的词汇成分，却也同样表达量意义，如：

（90）We are going to <u>have a ball</u> at the park today.（今天我们想去公园玩个痛快。）

汉语中的 "玩个痛快" 在英语中用固定短语 "have a ball" 来表达，相当于 "have a good time" "enjoy yourself" 即 "玩得很愉快" 的意思。

9.3.2 汉语与别的语言相比所具有的个性

总体来看，量词 "（一）个" 在其他语言里没有发展出类似汉语的帮助表达隐性量的用法，汉语 "个" 字构式隐性量的表达方式较为丰富，这些隐性量表达内容在别的语言中对应的表达手段大体分为两种：显性标记和无标记。

9.3.2.1 显性标记

（1）显性大量标记。

汉语中 "个" 字构式的隐性量意义在别的语言中通过显性的量标记来表达，突出地表现在 "V 个 VP" "（X）整个一个 Y" 及 "那叫一个 X" 等构式在别的语言中的对应形式上，主要包括如程度副词、确认副词等，如：

①程度副词。

(91) I　totally　forgot　about　it.（英语）
　　　我　完全　忘记　助词　代词
　　（这件事我忘了个一干二净。）

(92) 이　일을　　　　　　　（저는）완전히　잊고　있었어요.（韩语）
　　　这　事+助词　　　（表示宾语）我　完全　忘了
　　（这件事我忘了个一干二净。）

(93) 私　は　このこと　を　すっかり　忘れた。（日语）
　　　我　助词　这件事　助词　完全　忘记了
　　（这件事我忘了个 一干二净。）

(94) Ho dimenticato　　　　　tutto questa cosa.（意大利语）
　　（我）忘记了【近过去时】　全部　这个东西。
　　（这件事我忘了个一干二净。）

②表确认的语气副词。

(95) 그 사람은　　　　　정말　바보　예요.（韩语）
　　　他+助词（表示对比）　真的　傻瓜　是
　　（他整个一个傻瓜。）

(96) 그녀는　　　　　정말 예뻐요.（韩语）
　　　她+助词（表示对比）　真的 漂亮
　　（她长得那叫一个漂亮。）

（2）轻视标记。
　　汉语"个"字构式的某些隐性小量意义在某些语言中有专用的语法形式标记来表达，如：

(97) ご饭　を　作る　なんて　难しくない。（日语）
　　　饭　助词　做　表示轻视　不难
　　（做个饭有什么难的。）

　　汉语用"个"来表达对 VN 事件简单、容易的评价，而日语则用轻视标记——助词"なんて"，该助词由副助词"など"和格助词"と"复合

而成，接在体言或用言终止后边表示轻视，可译成"说什么……""（不像）……什么"或另选适当词汇。

（98）彼は医者だなんて言われないんだ。
　　　他简直说不上是个什么医生。
（99）近ごろに地震があるなんて、そんなばかな話だ。
　　　说什么近期有地震，净是胡诌嘛！
（100）あの人が親切だなんて、とんでもない話だ。
　　　说什么他为人亲切，简直是瞎扯。

与"个"放于动宾结构中间不同，"なんて"除了可以放在体言后［如例（98）、例（99）］，还可以放在用言后，相当于谓词性成分［如例（100）］。

（3）词缀。

汉语"个"字构式隐性量意义在某些语言中可以用词缀来表达，如：

（101）Давай　вместе　　　　　　　　поедим．（俄语）
　　　我们　一起　去　　　吃　个　饭　吧。

"поедим"（吃饭）里包含前缀"по-"，这个前缀在俄语中可表示稍微、一会儿的意义，大致相当于动词重叠，如побегать 表示"跑一跑"，почитать 表示"读一读"。

（4）介词。

汉语"V 个 VP"结构在意大利语中通过多功能介词"a"连接动词和相关的名词，这个名词本身含有程度意义。

（102）Oggi　vogliamo　　　　　divertirci a sazietà
　　　今天　（我们）想要【直陈式】　玩【自反动词】个痛快
　　　in parco.　　　　（意大利语）
　　　在公园里
　　　（今天我们想去公园玩个痛快）

例（102）中多功能介词 a，放在动词 divertirci（玩）和名词 sazietà（饱足，饱食）之间，sazietà 本身含有程度意义。

9.3.2.2 无标记

汉语"个"字构式所表达的主观量在别的语言中有时没有对应的量标记，这些量的内容在对应语言中基本不表达，具体来看：

(1) 表示动作小量的"V 个 N"结构，在某些语言中采用动词的原型，如日语、意大利语、韩语等。

(103) 私たち　　は　　　一緒に　　ご飯　　　を　　　食べよう（日语）
　　　我们　　助词　　一起　　饭　　助词　　吃吧
（我们一起去吃个饭吧。）

(104) 週末　は　暇があれば、私　は　彼の家　に　行って ご飯
　　　周末 助词 有空的话　我　助词 他的家 助词 去　饭
　　　を　食べる　か　　お茶　を　飲む　など　する。（日语）
　　　助词　吃　表列举或不确定 茶　助词　喝　等等, 表列举 做
（周末有空我就去他家吃个饭、喝个茶什么的。）

(105) Il fine settimana quando　　　sono　　libero　　vado da lui
　　　周末　　　　　　　当　（我）是 空闲的　　　（我）去他家
　　　per　　mangiare　o　　bere　　qualcosa.（意大利语）
　　　为了　　吃　　或者　喝　　某物。
（周末有空我就去他家吃个饭、喝个茶什么的。）

(106) 주말에 시간 나면 그 사람 집에 가서 밥 먹고 차 마시고 싶어요.
　　　（韩语）
　　　周末 时间 有他 家+助词（表示处所）去 饭 吃 茶 喝 想
（周末有空我就去他家吃个饭、喝个茶什么的。）

(2) 表示价值小量的"V 个 N"作主语时，有的语言中，采用动名词、动词不定式等形式来表示，大体相当于一个名词性成分，这个成分本身不体现动作量的大小，如英语、韩语、意大利语、俄语等：

做个饭有什么难的。

(107) Cooking　　　　　is　　　　just a piece of cake.（英语）
　　　做饭（名词化）be 动词　　一块蛋糕（意译为小意思, 没什
　　　　　　　　　　　　　　　　么难的）

(108) 밥 하는 게　　　　　　뭐가 어렵겠어요?（韩语）
　　　饭 做 + 的事情（名词化：~ing）　什么　难

（109）Cucinare　　　　　　　　non è　difficile.（意大利语）

　　　　做饭【动词不定式做名词】不 是　困难的。

（110）Что сложного　　в　　　　　приготовлении　еды?（俄语）

　　　　有什么难的　（介词）　　　　做　　　　　饭（动名词）

9.4　小　结

　　"个"字构式的隐性量在不同方言中不仅表达方式相同，还出现了普通话中没有的新的隐性量表达特点。汉语"个"字构式的隐性量表达在其他语言中具有一定的共性，但汉语的隐性量表达手段更为突出，这些"量"的内容别的语言或者通过显性的形式标记来表达，或者不表达。

10 结　语

10.1　基本结论和创新之处

本书运用认知语言学的相关理论，以"个"字构式为窗口揭示隐性量对汉语句法结构的制约作用和制约机制，并进一步从类型学角度探索汉语隐性量的表达特点。本书选取"V 个 N"等构式全面描述隐性量相关的句法语义互动现象，从共时与历时相结合的角度阐释各构式隐性量意义形成的动因和机制，深层剖析"个"与隐性量构式间的互动关系，最后在跨语言比较的基础上得出汉语在隐性量表达上所具有的共性及个性特点。

本书的研究得出了如下的创新性结论：

（1）汉语诸多"个"字构式都与隐性量表达密切相关，隐性量对汉语句法结构有着很强的制约作用。

（2）可根据"个"的性质和功能将"V 个 N"结构的语义类型分为三类：V 个 $_{名量}$ N（S_1）、V 个 $_{特殊动量}$ N（S_2）和 V 个 $_{价值小量}$ N（S_3），认为 S_1 是显性量表达结构，S_3 是隐性量表达结构，S_2 则是显性量表达到隐性量表达的过渡形式，"V 个 N"结构从 S_1 到 S_3 既是一个显性表量到隐性表量的过程，也是一个逐步语法化和主观化的过程。

（3）特殊动量构式 V 个 $_{特殊动量}$ N（S_2）中的 VN 有着明显不同于 S_1 的特点，当 VN 为离合词、惯用语，或者 N 为事件名词时，这些特殊的动宾结构插入"个"形成的"V 个 N"结构一般为 S_2；当 VN 为动宾短语结构时，"V 个 N"结构的理解受到诸多因素的影响和制约，如 N 的名词的典型性特征、N 在认知范畴中所处的层级、N 的指称性质、VN 的事件结构性质、VN 的理想认知模型，等等。当 N 为非典型名词，在认知范畴中处于较高层次，在动宾短语结构中为无指成分时，"V 个 N"更倾向于理解为 S_2；当 VN 受理想认知模型影响，V 和 N 在数量上一般不存在"一"对"一"的关系，或者 VN 事件结构有着特定的框架和底格时，这样的 VN 插入"个"形成的"V 个 N"结构一般也理解为 S_2；另外，当 N 为身体部位名词且 VN 所代表的动作行为是全民熟知的习惯性行为时，"V 个 N"一般

也是 S_2。

S_2 形成的动因包括 "个" 的高频使用、动宾结构的可扩展性、"动 + 量 + 宾" 结构这一外部句法条件、N 不能实现个体化等四个方面，S_2 的形成机制是重新分析和类推，人类认知中 "有界" 的观念是 S_2 形成的概念基础。

（4）价值小量构式 S_3 常用在连字句中，常与 "什么的" "算啥" "不就是" "常" "爱/好/喜欢" 等词语及 "VVN" 等重叠形式共现，有时也作句子的话题成分。S_3 本质上是一个隐性量表达结构，其中 "个" 对 VN 所代表的动作行为的价值判断主要体现在事件的难易度、重要性、平常性、社会评价值、所导致的后果的严重性等五个方面。S_3 的形成与语言的主观性、"个" 前 "一" 的省略和虚化及 "个" 的特殊性有关。

（5）主观异态量构式 "V 个 VP" 内部语义关系复杂，其中表达动作和结果关系意义的 "V 个 VP"（S_4）在量上有着特殊性，S_4 是一个表达主观异态量的构式，具体表现为超常大量和反预期量两种类型。S_4 构式意义的形成与焦点凸显和距离象似性原理密切相关。

（6）主观极限量构式 "（X）整个一个 Y"（S_5）的语义为说话人主观认定 X 已完全达到 Y 所表达的极限程度量并对此确信不疑。该构式常用在具有强烈主观评价论断色彩的语境中，有着特殊的适切语境及语用功能。体词谓语句是构式形成的外部句法动因，构式成分的语义演变和主观化是构式形成的内部语义动因。重新分析和认知隐喻是构式形成的机制。

（7）高程度量构式 "那叫一个 X"（S_6）可能是由表程度量的 "那叫 X" 结构添加主观性标记 "一个" 组合而成。"那叫 X" 结构萌芽于清代，出现于民国，在现代汉语中发展成熟，经历了 "称名——称名/判定评价——高程度量评价" 这一语法化过程。谓词性成分进入 X、"叫" 的认知凸显及 "那" 的远指心理距离功能是 "那叫 X" 程度量产生的重要条件。

（8）"个" 字构式的隐性量在不同方言中表达方式不尽相同，方言中也出现了普通话中没有的新的隐性量表达特点。汉语 "个" 字构式的隐性量表达在其他语言中具有一定的共性，但汉语的隐性量表达手段更为突出，这些 "量" 的内容别的语言或者通过显性的形式标记来表达，或者不表达。

10.2　理论启示和应用价值

（1）全面细致地分析比较 "显性量" 和 "隐性量" 这一对语义概念，

从语义内容到表现形式等方面对二者进行了深入的分析和探讨，进一步深化了"隐性量"理论研究。

（2）从具体"个"字构式的研究中可以看出"隐性量"在汉语句法研究中的极大的应用价值，"隐性量"的研究应该还有更为广阔的空间。

（3）本书研究的许多结论（特别是各构式的句法语义特征及语用功能）可以直接运用于对外汉语教学，也可以为中文信息处理提供一些参考和帮助。

参考文献

［1］北大中文系现代汉语教研室．现代汉语专题教程．北京：北京大学出版社，2003.

［2］本杰明·李·沃尔夫．论语言、思维和现实——沃尔夫文集．高一虹，等译．长沙：湖南教育出版社，2001.

［3］曹广顺．说助词"个"．古汉语研究，1994（4）.

［4］曹秀玲．现代汉语量限表达研究．上海：复旦大学，2002.

［5］晁瑞．对《笔生花》助词"个"的进一步讨论．语言科学，2008（1）.

［6］陈安国，彭聃龄．词的具体性对词汇识别的影响．心理学报，1998（4）.

［7］陈光．现代汉语量级语义范畴研究．天津：南开大学，2003.

［8］陈光磊．汉语词法论．上海：学林出版社，1994.

［9］陈娜．台营方言的主观标记"一个"．桂林：广西师范大学，2011.

［10］陈平．释汉语中与名词性成分相关的四组概念．中国语文，1987（2）.

［11］陈平．论现代汉语时间系统的三元结构．中国语文，1988（6）.

［12］陈淑梅．鄂东方言量范畴研究．武汉：华中科技大学，2007.

［13］陈小荷．主观量初探：兼谈副词"就"、"才"、"都"．世界汉语教学，1994（4）.

［14］陈小明．粤语量词的表量方式．广西师范学院学报，2004（1）.

［15］陈晓阳．与"个"相关的两种主观性句式研究．北京：北京语言大学，2006.

［16］陈志国．"个"用法泛化的句法分析．语言与翻译（汉文），2007（3）.

［17］陈忠．认知语言学研究．济南：山东教育出版社，2005.

［18］储泽祥．汉语口语里性状程度的后置标记"去了"．世界汉语教学，2008（3）.

［19］崔希亮．试论关联格式"连……也/都"的多重语言信息．世界汉语教学，1990（3）．

［20］崔希亮．汉语"连"字句的语用分析．中国语文，1993（2）．

［21］崔希亮．从"连……也/都……"结构看语言中的关联//邵敬敏．九十年代的语法思考．北京：北京语言学院出版社，1994.

［22］崔希亮．汉语介词与位移事件．北京：北京大学，2004.

［23］崔永华．"连……也/都……"句式试析．语言教学与研究，1984（4）．

［24］大河内康宪．量词的个体化功能．中国语学，1985（232）．

［25］戴浩一．以认知为基础的汉语功能语法刍议（上）．国外语言学，1990（4）．

［26］戴婉莹．量词"个化"新议．汉语学习，1984（1）．

［27］丁健．路桥话主观量标记"个"的来源——兼与普通话比较．语言研究，2016（2）．

［28］丁声树，等．现代汉语语法讲话．北京：商务印书馆，1979.

［29］丁勇．汉语动宾型离合词的语用分析．语言研究，2002特刊．

［30］丁治民．东台话的疑问副词"个"．语文研究，2003（3）．

［31］董静．现代汉、英语中关于名物确定量表达的对比．青岛：中国海洋大学，2006.

［32］董秀芳．词汇化：汉语双音词的衍生和发展．成都：四川民族出版社，2002.

［33］杜道流．"V/A个P!"感叹句的多角度考察．汉语学报，2006（2）．

［34］房玉清．实用汉语语法．北京：北京语言学院出版社，1992.

［35］高名凯．汉语语法论．北京：开明书店，1948.

［36］高鹏．表示"量"概念的词汇初探．吉林师范大学学报，1991（4）．

［37］桂诗春，宁春岩．语言学方法论．北京：外语教学与研究出版社，1997.

［38］郭继懋，王红旗．粘合补语和组合补语表达差异的认知分析．世界汉语教学，2001（2）．

［39］郭绍虞．汉语语法修辞新探．北京：商务印书馆，1979，

［40］郭校珍．山西娄烦方言的重叠式形容词．语言研究，2000（1）．

［41］黑维强．陕北绥德方言"个"的读音和用法．方言，2009（3）．

［42］洪诚．略论量词"个"的语源及其在唐以前的发展情况．南京大学学报，1963（2）．

［43］胡建刚．主观量度和"才""都""了$_2$"的句法匹配模式分析．世界汉语教学，2007（1）．

［44］华玉山．关于离合词的语用问题．语文学刊，（6）．

［45］黄伯荣．汉语方言语法类编．青岛：青岛出版社，1996.

［46］黄伯荣，廖序东．现代汉语．北京：高等教育出版社，2002.

［47］黄国文，丁建新．沃尔夫论隐性范畴．外语教学与研究，2001（4）．

［48］黄洁．安徽芜湖方言汇中"个"．现代语文，2006（12）．

［49］黄佩文．口语句式"一V一个A"．汉语学习，2001（1）．

［50］姜文振．口语中的"没个V"及其相关格式．学术交流，1990（2）．

［51］理查德·蒙塔古．普通英语中量化的特定处理．金顺德，译．国外语言学，1989（3）．

［52］李佳樑．《海上花列传》中句末"个"考察．社会科学家，2007，增刊．

［53］李剑影．再论"玩它个痛快"．汉语学习，2007（2）．

［54］李恒仁．俄语棱镜下的表量意念概要．齐齐哈尔大学学报（哲学社会科学版），2006（5）．

［55］李劲荣．现代汉语状态形容词的认知研究．上海：上海师范大学，2004.

［56］李劲荣．汉语量范畴研究的若干问题．宁夏大学学报，2007（5）．

［57］李晋霞．"这么"、"那么"的逻辑关系差异探析．语言教学与研究，2011（3）．

［58］李临定．现代汉语动词．北京：中国社会科学出版社，1990.

［59］李美妍．"V＋个＋N"结构研究．长春：吉林大学，2007.

［60］李泉．主观限量强调标记"简直"．国际汉语教学研究，2014（4）．

［61］李善熙．汉语"主观量"的表达研究．北京：中国社会科学院，2003.

［62］李炜．"V个N"结构//中国语文杂志社．语法研究和探索（六）．北京：语文出版社，1992.

[63] 李小军．量词"个"的语义演化模式．语言研究，2016（2）．

[64] 李雪．青岛方言量词"个"的研究．延吉：延边大学，2013.

[65] 李宇明．动宾结构中的非量词"个"//张志公．语法论集（三）．北京：外语教学与研究出版社，1988.

[66] 李宇明．主观量的成因．汉语学习，1997（5）．

[67] 李宇明．"一V……数量"结构及其主观大量问题．汉语学习，1999a（4）．

[68] 李宇明．数量词语与主观量．华中师范大学学报，1999b（6）．

[69] 李宇明．汉语量范畴研究．武汉：华中师范大学出版社，2000.

[70] 李宇明．汉语语法研究录．北京：商务印书馆，2002.

[71] 利奇．语义学．上海：上海教育出版社，1987.

[72] 林达青．安徽枞阳方言"仔"和"个"研究．南京：南京师范大学，2002.

[73] 刘长征．"（X）整个一（个）Y"格式试析．汉语学习，2007（1）．

[74] 刘丹青，徐烈炯．焦点与背景、话题及汉语连字句．中国语文，1998（4）．

[75] 刘坚．乐平方言形容词"量"的表达式．语言研究，1993（2）．

[76] 刘坚，曹广顺，吴福祥．论诱发汉语词汇语法化的若干因素．中国语文，1985（3）．

[77] 刘君．"V一个"跟"V一V"．汉语学习，1985（2）．

[78] 刘青．《祖堂集》中"个"的词性及用法．内蒙古电大学刊，2006（3）．

[79] 刘世儒．魏晋南北朝量词研究．北京：中华书局，1965.

[80] 刘叔新．语义学和词汇学问题新探．天津：天津人民出版社，1993.

[81] 刘顺．论现代汉语的"离合词"．齐齐哈尔大学学报，1999（5）．

[82] 刘学敏．关于"个"的特殊用法．语言教学与研究，1983（3）．

[83] 刘月华，等．实用现代汉语语法（增订本）．北京：商务印书馆，2001.

[84] 陆俭明．现代汉语中数量词的作用//中国语文杂志社．语法研究和探索（四）．北京：北京大学出版社，1988.

[85] 陆俭明．说量度形容词．语言教学与研究，1989（3）．

［86］陆俭明．"句式语法"理论与汉语研究．中国语文，2004（5）．

［87］吕叔湘．中国文法要略．北京：商务印书馆，1942.

［88］吕叔湘．汉语语法分析问题．北京：商务印书馆，1979.

［89］吕叔湘．现代汉语八百词（增订本）．北京：商务印书馆，1980.

［90］吕叔湘．個字的应用范围——附论单位词前一字的脱落//汉语语法论文集（增订本）．北京：商务印书馆，1984.

［91］吕叔湘．近代汉语指代词//吕叔湘文集：汉语语法论文续集（第3卷）．2版．北京：商务印书馆，2004.

［92］马庆株．现代汉语的双宾语构造//北京大学中文系《语言学论丛》编委会．语言学论丛（第十辑）．北京：商务印书馆，1983.

［93］潘建华．每个句子都有焦点吗？．山西师大学报，2000（3）．

［94］彭小川．广州话含复数量意义的结构助词"口的"．方言，2006（2）．

［95］戚晓杰．"把"字句受体前"个"字的功用．甘肃高师学报，2005（1）．

［96］齐沪扬，胡建锋．试论负预期量信息标记格式"X是X"．世界汉语教学，2006（2）．

［97］钱乃荣．吴语中的"个"和"介"．语言研究，1998（1）．

［98］屈承熹．汉语认知功能语法．哈尔滨：黑龙江人民出版社，2004.

［99］任鹰．现代汉语受事主语句研究．北京：社会科学文献出版社，2005.

［100］任鹰．"个"的主观赋量功能及其语义基础．世界汉语教学，2013（3）．

［101］杉村博文．现代汉语"把"字句"把"的宾语带量词"个"．世界汉语教学，2002（1）．

［102］杉村博文．量词"个"的文化属性激活功能和语义的动态理解．世界汉语教学，2006（3）．

［103］杉村博文．现代汉语量词"个"贬值功能调查．国际中国语言学学会第16届学术年会会议论文，2008.

［104］邵敬敏．"动+个+形/动"结构分析——兼与游汝杰同志商榷．汉语学习，1984（2）．

［105］邵敬敏．动量词的语义分析及其与动词的选择关系．中国语文，1996（2）．

[106] 邵敬敏，刘焱．论名词的动态性及其鉴测方法．汉语学习，2001（6）．

[107] 邵勤．汉语动量词认知研究．上海：华东师范大学，2005.

[108] 沈家煊．"语法化"研究综观．外语教学与研究，1994（4）．

[109] 沈家煊．"有界"和"无界"．中国语文，1995a（5）．

[110] 沈家煊．"正负颠倒"和语用等级．语法研究和探索，1995b（7）．

[111] 沈家煊．实词虚化的机制．当代语言学，1998（3）．

[112] 沈家煊．不对称和标记论．南昌：江西教育出版社，1999.

[113] 沈家煊．说"偷"和"抢"．语言教学与研究，2000a（1）．

[114] 沈家煊．句式和配价．中国语文，2000b（4）．

[115] 沈家煊．语言的"主观性"和"主观化"．外语教学与研究，2001a（4）．

[116] 沈家煊．跟副词"还"有关的两个句式．中国语文，2001b（6）．

[117] 沈家煊．认知语言学与汉语研究//刘丹青．语言学前沿和汉语研究．上海：上海教育出版社，2005.

[118] 沈家煊．汉语里的名词和动词．汉藏语学报，2007（1）．

[119] 沈阳．数量词在名词短语移位结构中的作用与特点．世界汉语教学，1995（1）．

[120] 施茂枝．述宾复合词的语法特点．语法教学与研究，1999（1）．

[121] 石慧．内蒙古磴口方言中"个"的用法．社科纵横，2007（6）．

[122] 石毓智，李讷．汉语发展史上结构助词的兴替——论"的"的语法化过程．中国社会科学，1998（6）．

[123] 石毓智．肯定和否定的对称与不对称．台北：台湾学生书局，1992.

[124] 石毓智．语法的认知语义基础．南昌：江西教育出版社，2000.

[125] 石毓智．肯定和否定的对称与不对称（增订版）．北京：北京语言文化大学出版社，2001.

[126] 石毓智，雷玉梅．"个"标记宾语的功能．语文研究，2004（4）．

[127] 石毓智．论判断、焦点、强调与对比之关系——"是"的语法功能和使用条件．语言研究，2005（4）．

[128] 史有为．数量词在动宾组合中的作用．中国语言学报，1997

(8) .

[129] 宋恩泉. 山东汶上方言"个"的一些特殊用法. 方言, 2005 (4) .

[130] 宋玉柱. 量词"个"和助词"个". 逻辑与语言学习, 1993 (6) .

[131] 苏文丽. 试论"V+个+VP"格式的表达功能. 运城学院学报, 2007 (6) .

[132] 孙朝奋.《虚化论》评介. 国外语言学, 1994 (4) .

[133] 孙汝建. 关于量词"个化"论的思考. 云南师范大学学报 (哲学社会科学版), 1996 (1) .

[134] 太田辰夫. 中国话历史文法. 蒋绍愚, 徐昌华, 译. 北京: 北京大学出版社, 1987.

[135] 唐贤清, 陈丽. "死"作程度补语的发展及跨语言考察. 语言研究, 2011 (3) .

[136] 唐雪凝. 试析"那叫一 (个) X". 汉语学习, 2009 (6) .

[137] 王飞华.《西洋记》中的语气词"着、个、则个、些". 宁波教育学院学报, 2007 (4) .

[138] 王海棻. 古汉语度量范畴初探. 语言科学, 2006 (5) .

[139] 王海峰. 现代汉语离合词离析动因刍议. 语文研究, 2002 (3) .

[140] 王海峰. 现代汉语离合词离析形式功能研究. 北京: 北京语言大学, 2008.

[141] 王健. 睢宁话中"个"的读音和用法. 方言, 2007 (1) .

[142] 王静. "个别性"与动词后量成分和名词的语序. 语言教学与研究, 2001 (1) .

[143] 王莉. 标示焦点: "动+个+名"中的"个". 华南师范大学学报 (社会科学版), 2001 (4) .

[144] 王绍新. 量词"个"在唐代前后的发展. 语言教学与研究, 1989 (2) .

[145] 王收奇. "好 (一) 个 X"感叹句之多角度考察. 广州: 暨南大学, 2007.

[146] 王晓凌. "好个……"结构探析. 汉语学习, 2008 (2) .

[147] 王志武. "个"的非量词用法及其词性. 烟台师范学院学报 (哲学社会科学版), 1999 (3) .

[148] 吴春相. 现代汉语时量范畴研究. 上海: 上海师范大

学，2006.

　　[149] 吴道勤，李忠初．“离合词”的语法性质及其界定原则．湘潭工学院学报（社会科学版），2001（3）．

　　[150] 吴福祥．语法化理论、历史句法学与汉语历史语法研究//刘丹青．语言学前沿和汉语研究．上海：上海教育出版社，2005.

　　[151] 吴福祥．关于语法演变的机制．古汉语研究，2013（3）．

　　[152] 吴竞存，梁伯枢．现代汉语句法结构与分析．北京：语文出版社，1992.

　　[153] 吴为善，夏芳芳．“A不到哪里去”的构式解析、话语功能及其成因．中国语文，2011（4）．

　　[154] 伍雅清．英汉语量词歧义研究综述．当代语言学，2000（3）．

　　[155] 项开喜．体词谓语句的功能透视．汉语学习，2001（1）．

　　[156] 项开喜．汉语重动句式的功能研究．中国语文，1997（4）．

　　[157] 相原茂．“亲嘴”的“嘴”是谁的“嘴”？//大河内康宪，等．日本近、现代汉语研究论文选．靳卫卫，译．北京：北京语言学院出版社，1993.

　　[158] 徐丹．量与复数的研究——中国境内语言的跨时空考察．北京：商务印书馆，2010.

　　[159] 徐慧．益阳方言语法研究．长沙：湖南教育出版社，2001.

　　[160] 徐烈炯．语义学．北京：语文出版社，1990.

　　[161] 徐烈炯，刘丹青．话题的结构与功能．上海：上海教育出版社，1998.

　　[162] 徐颂列．现代汉语总括表达式研究．杭州：浙江教育出版社，1998.

　　[163] 徐通锵．语言论．长春：东北师范大学出版社，1997.

　　[164] 许宝华，宫田一郎．汉语方言大辞典．北京：中华书局，1999.

　　[165] 许小明．江西吉水方言中的“几”与“个”探微．吉安师专学报（哲学社会科学），1999（1）．

　　[166] 许余龙．英汉远近指称指示词的对译问题．外国语，1989（4）．

　　[167] 薛健．量词“个化”问题管见．汉语学习，2006（5）．

　　[168] 杨伯峻，何乐士．古汉语语法及其发展（修订本）．北京：语文出版社，2001.

　　[169] 杨娟．现代汉语模糊量研究．南京：南京师范大学，2007.

　　[170] 杨庆蕙．现代汉语离合词用法词典．北京：北京师范大学出版

社，1995.

[171] 杨艳．现代汉语"是"字结构与语用量研究．上海：上海师范大学，2004.

[172] 姚占龙．现代汉语程度量表达研究．上海：上海师范大学，2005.

[173] 易亚新．常德方言语法研究．北京：学苑出版社，2007.

[174] 易仲良．论级阶数量含义的语用功能．外国语，1994（3）．

[175] 游汝杰．补语标志"个"与"得"．汉语学习，1983（3）．

[176] 袁丽．口语习用语"整个一个 X"格式考察．武汉：华中师范大学，2008.

[177] 张斌．现代汉语．北京：中央广播电视大学出版社，1988.

[178] 张伯江．汉语名词怎样表示无指成分//中国语文编辑部．庆祝中国社会科学院语言研究所建所 45 周年学术论文集．北京：商务印书馆，1997.

[179] 张伯江．现代汉语的双及物结构式．中国语文，1999（3）．

[180] 张伯江，方梅．汉语功能语法研究．南昌：江西教育出版社，1996.

[181] 张伯江．论"把"字句的句式语义．语言研究，2000（1）．

[182] 张伯江，李珍明．"是 NP"和"是（一）个 NP"．世界汉语教学，2002（3）．

[183] 张纯鉴．谈谈现代汉语里"个"字的几种用法．西北师大学报，1964（1）．

[184] 张涤华，胡裕树．汉语语法修辞词典．合肥：安徽教育出版社，1988.

[185] 张国宪．形容词的记量．世界汉语教学，1996（4）．

[186] 张国宪．现代汉语形容词的典型特征．中国语文，2000（5）．

[187] 张国宪．现代汉语形容词功能与认知研究．北京：商务印书馆，2006.

[188] 张理明．论短语动词．语文研究，1982（6）．

[189] 张惠强，任坚．天水等地方言的强调标记"一个"浅析．甘肃广播电视大学学报，2009（2）．

[190] 张美兰．再论"我把你个/这＋名词性成分"句．河北师范大学学报（哲学社会科学版），2002（1）．

[191] 张敏．认知语言学与汉语名词短语．北京：中国社会科学出版

社，1998.

[192] 张明辉．"V+个+VP"式动补结构研究．大连：辽宁师范大学，2005.

[193] 张明辉．动补结构"V+个+明白"的语义分析．语言教学与研究，2006（5）.

[194] 张乔．广义量词理论及其对模糊量词的应用．当代语言学，1998（2）.

[195] 张寿康．略论汉语构词法．中国语文，1957（6）.

[196] 张旺熹．"把字结构"的语义及其语用分析．语言教学与研究，1991（3）.

[197] 张旺熹．汉语特殊句法的语义研究．北京：北京语言文化大学出版社，1999.

[198] 张旺熹．汉语句法的认知结构研究．北京：北京大学出版社，2005.

[199] 张旺熹．汉语句法结构隐性量探微．北京：北京语言大学出版社，2009.

[200] 张文国．论古汉语的名词谓语句．中北大学学报（社会科学版），2006（2）.

[201] 张欣．"个"的功能种种．上海师范大学学报（哲学社会科学版），1999（1）.

[202] 张一舟．成都话主观量范畴的特殊表达形式．四川大学学报，2001（5）.

[203] 张谊生．从量词到助词——量词"个"语法化过程的个案分析．当代语言学，2003（3）.

[204] 张谊生．现代汉语"把+个+NP+VC"句式探微．汉语学报，2005（3）.

[205] 张谊生．试论主观量标记"没"、"不"、"好"．中国语文，2006（2）.

[206] 赵金铭．能扩展的"V+N"格式的讨论．语言教学与研究，1984（2）.

[207] 赵奎欣．武汉方言语法研究．武汉：武汉大学出版社，2012.

[208] 赵日新．说"个"．语言教学与研究，1999（2）.

[209] 赵日新．形容词带程度补语结构的分析．语言教学与研究，2001（6）.

［210］赵嵘．现代汉语动宾式（VO 式）离合词研究．湘潭：湘潭大学，2006．

［211］赵淑华，张宝林．离合词的确定与离合词的性质．语言教学与研究，1996（1）．

［212］赵艳芳．认知语言学概论．上海：上海外语教育出版社，2001．

［213］赵元任．汉语口语语法．吕叔湘，译．北京：商务印书馆，1979．

［214］甄珍．现代汉语口语主观评议构式"那叫一个 A"研究．语言教学与研究，2016（3）．

［215］中国社会科学院语言研究所词典编辑室．现代汉语词典（第五版）．北京：商务印书馆，2005．

［216］周国光．为什么量词多用"个"．语文建设，1996（1）．

［217］周娟．现代汉语动词与动量词组合研究．广州：暨南大学，2007．

［218］周上之．汉语离合词——汉语语素、词、短语的特殊性．上海：上海外语教育出版社，2006．

［219］周守晋．"主观量"的语义信息特征与"就"、"才"的语义．北京大学学报，2004（3）．

［220］周小兵．汉语"连"字句．中国语文，1990（4）．

［221］周一民．名词化标记"一个"构句考察．汉语学习，2006（2）．

［222］周祖瑶．广西容县方言的小称变音．方言，1987（1）．

［223］朱德熙．语法讲义．北京：商务印书馆，1982．

［224］朱德熙．语法答问．北京：商务印书馆．1985．

［225］朱文文．汉语三种关联格式的量范畴考察．北京：北京语言大学，2005．

［226］朱玉宾．"动词＋个＋补语"结构略论．中山大学研究生学刊（社会科学版），2007（2）．

［227］祝克懿．析"动＋个＋形/动"结构中的"个"．汉语学习，2000（3）．

［228］邹才河．廉北方言中"个"字的唐宋遗踪．社会科学探索，1990，第 1、2 期合刊．

［229］BOLINGER D. Linear modification. Publications of the modern language association of America，1952（67）．

［230］BOLINGER D. Entailment and the meaning of structures. Glossa，

1968 (2) .

[231] DAHL O. Grammaticalization and the life cycles of constructions. RASK, 2001 (14) .

[232] FAUCONNIER G. Mental spaces. Cambridge: The MIT Press, 1985.

[233] FAUCONNIER G, SWEETSER E. Spaces, worlds, and grammar. Chicago: University of Chicago Press, 1996.

[234] FILLMORE C J. An alternative to checklist theories of meaning. BLS, 1975 (1) .

[235] FILLMORE C J. Topics in lexical semantics// COLE R. Current issues in linguistic theory. Bloomington: Indiana University Press, 1977.

[236] FILLMORE C J. Frame semantics// Linguistic Society of Korea. Linguistics in the morning calm. Seoul: Hanshin, 1982.

[237] FILLMORE C J. Frames and the semantics of understanding. Quaderni di semantica, 1985, 6 (2) .

[238] FIRTH J R. Papers in linguistics. London: Oxford University Press, 1957.

[239] GIVON T. Syntax: a functional-typological introduction (vol. 2). Amsterdam: John Benjamins, 1990.

[240] GOLDBERG A E. Constructions: a construction grammar approach to argument structure. Chicago: University of Chicago Press, 1995.

[241] GREENBERG J H. Universals of language. Cambridge: The MIT Press, 1963.

[242] GREENBERG J H. Some universals of language with particular reference to the order of meaningful elements// GREENBERG J. Universals of language. Cambridge: MIT Press, 1966.

[243] GREVILLE G C. Number. Cambridge: Cambridge University Press, 2000.

[244] HALLIDAY M A K. An introduction to function grammar. London: Edward Arnold, 1985.

[245] HARRIS A C, CAMPBELL L. Historical syntax in cross-linguistic perspective. Cambridge: Cambridge University Press, 1995.

[246] HAIMAN J. Iconic and economic motivation. Language, 1983 (59) .

[247] HEINE B. Cognitive foundations of grammar. Oxford: Oxford University Press, 1997.

[248] HEINE B, ULRIKE C, FRIEDERIKE H. Grammaticalization: a

conceptual framework. Chicago: University of Chicago Press, 1991.

[249] HEINE B, KUTEVA T. World Lexion of grammaticalizaiton. Cambridge: Cambridge University Press, 2002.

[250] HEINE B, REH M. Grammaticalization and reanalysis in African language. Hamburg: Helmut Buske Verlag, 1984.

[251] HOPPER P J, TRAUGOTT E C. Grammaticalization. 2nd ed. Cambridge University Press, 2003.

[252] LAKOFF G. Linguistic gestalts. CLS, 1977 (13).

[253] LAKOFF G. Women, fire, and dangerous things: what categories reveal about the mind. Chicago: University of Chicago Press, 1987.

[254] LAKOFF G, MARK J. Metaphors we live by. Chicago: University of Chicago Press, 1980.

[255] LANGACKER R W. Foundations of cognitive grammar: volume I: theoretical prerequisites. Stanford: Stanford University Press, 1987.

[256] LANGACKER R W. Concept, image, and symbol: the cognitive basis of grammar. New York: Mouton de Gruyter, 2002.

[257] LEE T. Studies on quantification in Chinese. Los Angeles: University of California, 1986.

[258] LYONS J. Semantics. 2 vols. Cambridge: Cambridge University Press, 1977.

[259] PAIVIO. Mental representation: a dual coding approach. Oxford: Oxford University Press, 1986.

[260] ROSCH E. Natural categories. Cognitive psychology, 1973 (7).

[261] SCHWANENFLUGL P J, SHOBEN E J. Diffenrential context effects in the comprehension of abstract and concrete verbal material. Journal of experimental psychology: learning, memory, and cognition, 1983 (9).

[262] TALMY L. Toward a cognitive semantics: volume I: concept structuring systems. Cambridge: The MIT Press, 2000.

[263] TALMY L. Toward a cognitive semantics: volume II: typology and process in concept structuring. Cambridge: The MIT Press, 2000.

[264] TAYLOR J. Linguistic categorization: prototypes in linguistic theory. Oxford: Clarendon Press, 1989.

[265] WHORF B L. Grammatical categories. Language. 1945 (21).